Eerste druk maart 2013
Tweede druk maart 2013
Derde druk april 2013

Omslag Jan Paul van der Wijk
Vormgeving Jade van Beek

Foto's Gijsbert van Es
Geïnterviewden stelden de foto's
beschikbaar voor de pagina's 36, 40, 44,
48, 52, 56, 58, 80, 131, 151, 170 en 178

NUR 401 gebundelde interviews
ISBN 978 90 468 1474 1

www.nieuwamsterdam.nl/hetlaatstewoord
www.gijsbertvanes.nl
www.nrc.nl

Gijsbert van Es

Het laatste woord

De kunst van leven met de dood

Inhoud

Woord vooraf

Het begon met een idee, een inval. Ik dacht: interessant, al die 'in memoriams' in kranten en bladen, waarin familieleden, vrienden en collega's herinneringen ophalen aan een dierbare dode – maar nog interessanter lijkt het mij wanneer mensen zelf, kort voor hun overlijden, terugblikken op hun leven en vertellen hoe zij 'de dood' voor zich zien. Zo'n serie interviews, voor de weekendeditie van *NRC Handelsblad*, wilde ik wel maken.

Simpel idee, maar ook: moeilijk om mensen te vinden die willen meewerken en zwaar om wekelijks zo'n gesprek te voeren en stuk te schrijven. Dacht ik. Twee jaar later, na ruim honderd gesprekken over 'leven en dood', koester ik andere gedachten.

Misschien is dit wel de belangrijkste: doodgaan is niet afschrikwekkend, alleen maar ellendig, iets om zo lang mogelijk te negeren en te verzwijgen. Cliché: alles wat leeft, sterft op een dag. Mooier gezegd: wie de dood ontkent, miskent het leven.

Nooit zal ik de ontmoeting met Jip Keijzer vergeten, zes weken voordat hij op 24-jarige leeftijd overleed. Ja, 24 jaar. En bereid te sterven, na een veel te kort maar „schitterend leven". Het gesprek met mr. G. Ph. Helders, oud-minister in het laatste kabinet-Drees, met zijn leeftijd van 107 jaar bijna een half jaar lang 'de oudste man van Nederland', die zelden een gedachte aan de dood had
gewijd, omdat alleen God daarove
kan beschikken en Zijn barmharti
heid hem niets te vrezen ingaf.

Tientallen voorbeelden zou ik w
len geven van mensen die hun leve
in balans hebben kunnen brengen
met het vooruitzicht van de dood.
deze bundel heb ik circa de helft v
de ruim honderd interviews samen
gebracht die vanaf maart 2011 in
NRC Handelsblad zijn verschenen.
Mensen praten hierin over hun eig
levenseinde. Hulpverleners komen
aan het woord die mensen aan hun
sterfbed begeleiden. Enkelen verte
len over het verlies van een dierbar

Nee, een representatief beeld va
het 'gemiddelde' denken over de
dood in Nederland geeft deze bun
niet. Een natuurlijke selectie is van
zelf ontstaan, doordat ik vooral in
contact kwam met mensen die ber
waren hun verhaal in druk te laten
verschijnen. Naarmate de serie in d
krant vorderde, boden mensen
steeds vaker uit eigen beweging hu
medewerking aan.

Vooral in het begin van deze reek
is de hulp van Lia Donkers, voorzit
ter van de Stichting STEM (die zich
inzet om de dood in de samenlevin
beter bespreekbaar te maken), en
André Rhebergen, directeur van de
Stichting Agora (voor ondersteunin
in de palliatieve zorg), onontbeerlij
geweest. Dank aan hen, evenals aan

le artsen, (palliatief) verpleegkun-gen, medewerkers van diverse hos-ces en andere hulpverleners die :bben bemiddeld bij het vinden .n gesprekspartners.

Vaak heb ik tijdens de honderd ıtmoetingen gedacht: intenser dan het zicht van de dood kan een mens et leven. Natuurlijk, de gesprekken ngen over lichamelijke pijn, geeste-

ıtenser dan in het zicht van de dood an een mens niet leven

k lijden, het vreselijke vooruitzicht gesneden te zijn van echtgenoten, milieleden, vrienden. Maar evenzo-ed gingen ze over ogenschijnlijk :ine dingen die van onschatbare ıarde bleken te zijn: vogels op een edertafel bij het slaapkamerraam, ren die te hulp schoten met oven-ıotels en oppasschema's, familie-zies die konden worden bijgelegd jaren van koppig zwijgen.

Naar allen die mij deze verhalen bben verteld, gaat mijn grootste nk uit. Velen van hen zijn inmid-ls overleden. Op talloze manieren ven zij voort in het dagelijks leven de herinneringen van hun naasten. er hun levenskunst en hun manier n sterven heb ik mogen schrijven in :C *Handelsblad*. Aan hen en hun na-staanden draag ik dit boek op.

Gijsbert van Es

Naam: Leen Olivier (1943-2012)

Woonde: in Dirksland (ZH). Was alleenstaand. Een kleine vier maanden verbleef hij in zijn woonplaats in Hospice Calando.

Was: gepensioneerd. Heeft als procesoperator gewerkt bij een chemisch bedrijf in Europoort en eerder als scheepswerktuigkundige op de 'grote vaart'.

Wat voorafging: Hoorde vier maanden voor zijn overlijden dat hij terminaal ziek was, door een combinatie van ziekte van Kahler (beenmergkanker) en darmkanker.

Goed, dit was mijn leven, 't is op

„Vandaag had ik iemand op bezoek die vroeg: 'Hoe is het nou om hier in een hospice te liggen?' Ik riep: 'O, da's echt het einde!' Eerst keek hij raar, toen moest hij lachen.

„Ik bedoel het ook zo dubbelzinnig als ik het zeg. Er wordt hier ontzettend goed voor me gezorgd. Ik krijg een hoop bezoek. Daar heb ik echt geen woorden voor, zo goed voelt dat allemaal.

„Tegelijk weet ik dat ik in dit bed op het einde lig te wachten. Het duurt wat langer dan ik had gedacht. De laatste weken begin ik te merken dat het niet lang meer kan duren.

„Toen december kwam, dacht ik: als ik maar niet doodga op Eerste of Tweede Kerstdag, of bij de jaarwisseling. Voor mij maakt het niks uit, maar ik zou het vervelend vinden voor mijn familie. Ik wil niet dat ze met Kerst of Oud en Nieuw moeten denken: toen is Leen doodgegaan. Kerst heb ik gehaald, gelukkig, en de jaarwisseling hebben we nu ook bijna gehad. Daarna mag het wat mij betreft gebeuren, ik ben er klaar voor.

„Ik vond het een opluchting toen ik eind september hoorde dat de dokters niks meer voor me konden doen. Ik had er ook meteen vrede mee. Goed, dit was mijn leven dus, 't is op. Een mens moet ergens aan doodgaan, toch?

„Het moeilijkste had ik toen net achter de rug. In de zomer ben ik verschrikkelijk ziek geweest. Diarree, misselijk, duizelig. Nog geen kop thee kon ik voor mezelf zetten. In het ziekenhuis kreeg ik het ene onderzoek na het andere. Zo beroerd zijn, niet meer voor mezelf kunnen zorgen, plus de onzekerheid over wat er uit dat onderzoek zou komen – dat vond ik echt heel zwaar.

„Ik ben altijd nogal op mezelf geweest. Ik kan heel goed alleen zijn. Ik werkte ook het liefst in m'n eentje, deed niet graag een klus met een collega samen.

„Tussen 1964 en 1974 heb ik over de wereld gezworven, vooral op het zuidelijk halfrond. Ik werkte voor de Koninklijke Paketvaart Maatschappij, die later opging in een grotere rederij. Indonesië, China, Japan, Zuid-Amerika – in die hoek gingen we met vracht heen en weer.

Aan discussies over het eeuwig leven heb ik geen behoefte

„Als ik met verlof kwam, kon ik bij m'n vader en moeder terecht. Ik ben ook bij hen gebleven toen ik in 1974 weer aan de wal kwam te werken. Mijn moeder overleed in 1990, mijn vader in 2000. Tien jaar heb ik voor m'n vader gezorgd: eten koken, klusjes in huis. Mijn twee zussen deden de was. Mijn vader had geen tijd voor het huishouden. Hij was timmerman-aannemer. Tot z'n negentigste heeft hij gewerkt. De mensen bleven 'm maar vragen voor klussen en hij deed het graag.

„Ik heb mezelf eind 2002 met pensioen gestuurd, een half jaar voor m'n zestigste. Ik heb geen vrouw, geen kinderen om voor te zorgen, geen duur huis. Ik kon het wel uitzingen tot m'n AOW. Achteraf ben ik blij dat ik zo vroeg ben gestopt met werken. Daardoor heb ik zes mooie, gezonde jaren gehad, totdat ik drie jaar geleden last kreeg van de ziekte van Kahler en chemokuren.

„Ik heb genoten van mijn fietstochten. Hele dagen was ik op pad, van 's ochtends negen tot 's middags vier, brood mee, flesje melk, heerlijk. Aan grote reizen maken heb ik totaal geen behoefte gehad. Ik had de wereld al gezien toen ik voer. Al die drukte op Schiphol, in zo'n benauwd vliegtuig zitten – niks voor mij. Geef mij de rust en de ruimte maar, de polders en het water, daar heb ik me thuis gevoeld.

„Ik heb een mooi leven gehad en ik zal er niks van merken als ik straks dood ben. Over en uit. Hier in het hospice komt tweemaal in de week een geestelijk verzorger langs die een keer vroeg: 'Heeft u weleens nagedacht over het eeuwig leven?' Ik zei: 'Ik wil er niet over praten. U heeft daarover vast hele andere gedachten dan ik. Dan krijgen we een discussie en daar heb ik geen behoefte aan.' We praten nu over van alles en nog wat, maar niet over ingewikkelde dingen – zoiets is aan mij niet besteed.

„Ik vind het 't moeilijkst mijn familie achter te laten. Mijn twee zussen en m'n jongere broer, met aanhang, kinderen, kleinkinderen – allemaal komen ze bij me op visite, ook de jonge garde. Omdat ik alleen was en in het ouderlijk huis ben blijven wonen, was ik een beetje de spil van de familie. Dat is straks voorbij. Ik hoop dat ze een manier vinden om elkaar toch te blijven zien als ik er straks niet meer ben."

Leen Olivier overleed op 12 januari 2012 in Hospice Calando in Dirksland. Cobi Olivier, zijn zus: „Leen was klaar met zijn leven toen het ziekenhuis zijn einde aankondigde. Alhoewel Leen de hele wereld had gezien, is hij altijd een eilander gebleven. De polders en het water om hem heen had hij nodig om invulling te geven aan zijn leven. Hij voelde een sterke familieband. Wij koesteren de wens die hij in het interview uitsprak: 'Ik hoop dat ze een manier vinden om elkaar te blijven zien.' We missen Leen enorm."

Naam: Laura Antkowiak (1980-2012)

Woonde: in Rotterdam, met haar vriend Jan (42)

Was: theatertechnicus

Wat voorafging: Borstkanker, geconstateerd in januari 2010, leek eerst met succes bestreden. In augustus 2011 kwamen uitzaaiingen op verschillende plekken in haar lichaam aan het licht. Sinds januari 2012 wist zij dat ze nog maar enkele maanden te leven zou hebben.

Ik ga trouwen, ik leef op een roze wolk

„Jan en ik wonen nog maar vijf maanden samen. Met mijn nieuwe huisarts had ik nog niet kennisgemaakt. Dat hoefde ook niet als je steeds maar ziekenhuis in, ziekenhuis uit gaat. Maar twee weken geleden dacht ik: laat ik toch eens langsgaan, nu ik weet dat m'n einde nadert.

„Voor een huisarts is het natuurlijk wel even slikken als je zegt: 'Hallo, ik ben Laura, ik ben een nieuwe patiënt en ik ga dood.' Ik doe daar niet dramatisch over: *shit happens*, ik zie het gewoon als vreselijke pech. De huisarts zei: 'Ik kan me moeilijk voorstellen dat je dit echt zo voelt.'

„Vorige week was ik weer bij hem. Toen gaf hij mij een aflevering uit deze serie: het verhaal van Jip Keijzer, de jongen van 24 (zie het voorlaatste interview in dit boek, GvE.). 'Nu ik dat heb gelezen', zei de huisarts, 'begrijp ik beter hoe jij tegenover de dood staat. Ik herken jou in dit verhaal.'

„En inderdaad, mijn houding is ook: het heeft niet veel zin me ellendig te voelen en in een hoekje te gaan zitten janken. Daar heeft niemand wat aan en ik al helemaal niet. Ik geniet met volle teugen van mijn leven in de korte tijd die ik nog heb. Ik voel zó veel liefde van mijn omgeving."

„Eigenlijk ben ik nog maar sinds twee jaar echt gelukkig.

Van m'n 15de tot m'n 29ste ben ik depressief geweest. Dat kwam door het slikken van de pil, weet ik nu. Toen ik twee jaar geleden door de chemokuren met de pil moest stoppen, raakte ik plotseling m'n depressieve gevoelens kwijt. Wat bleek? Ik heb een intolerantie voor oestrogeenremmers. Geen arts, of psycholoog, of psychiater die dat ooit heeft onderkend. Ik moest dus borstkanker krijgen om van m'n depressies af te komen.

„Depressies hadden van mijn leven een worsteling gemaakt. Hierdoor liep het thuis allemaal niet goed en heb ik vijftien jaar lang geen contact met mijn vader gehad. Een jaar of negen geleden was ik zo ontevreden over mijn leven dat ik dacht: nu moet ik een doel hebben om voor te leven, anders wordt het nooit wat. Toen ben ik me gaan richten op mijn grote passie – theater. Het is me gelukt te worden toegelaten tot de Royal Academy of Dramatic Art in Londen, waar ik een tweejarige opleiding theatertechniek heb gedaan. Daarna kon ik aan het werk in het bedrijf van André Rieu, waar ik heb meegewerkt aan de bouw van het Weense slot Schönbrunn: het grootste decor dat ooit is gebouwd in de muziekwereld.

> Eigenlijk ben ik nog maar sinds twee jaar echt gelukkig

„De band met mijn moeder en mijn broer is de afgelopen jaren heel hecht geworden, doordat we in het ziekenhuis zo veel tijd met elkaar hebben doorgebracht. Ook met mijn vader heb ik nu weer goed contact, hij is een enorme steun voor mij. Zo zie je hoeveel goeds zo'n ziekte ook kan brengen.

„In het theater heb ik Jan leren kennen, de grote liefde van mijn leven. Vier jaar geleden zag ik hem voor het eerst, toen ik in het Chassé Theater in Breda werkte en hij binnenkwam met de crew van de musical *Ciske de Rat*. In een flits dacht ik: hij is 't! Pas een klein jaar geleden hebben we een relatie gekregen, toen ik al kanker had. Dat maakte hem niet uit, hij heeft toen onvoorwaardelijk voor mij gekozen.

„Ik ben nu het gelukkigste meisje van de wereld. Op 13 februari gaan Jan en ik trouwen. Twee weken geleden, op een vrijdag, kregen we te horen dat de kanker weer verder is uitgezaaid, in mijn hoofd; op woensdag hebben we elkaar diep in de ogen gekeken en gezegd: 'Laten we gaan trouwen om voor altijd met elkaar verbonden te zijn.' Afgelopen dinsdag zijn we in ondertrouw gegaan.

„Ik zit nu een adressenlijst te maken die zowel voor onze huwelijkskaart als voor mijn overlijdensbericht te gebruiken is. Jan en ik zaten te fantaseren: het is een scène voor een musical – meisje zingt hartverscheurende solo met een laptop op schoot."

Laura Antkowiak overleed op 21 mei 2012. Haar vriend, Jan Suiker: „Ik vind het nog elke dag zwaar haar niet meer bij me te hebben. Hoewel we waren voorbereid op haar overlijden, ging alles toch nog sneller dan we dachten. Hierdoor kwam de klap keihard aan. Tot een week voor haar overlijden leefden we nog een redelijk normaal leven. Ze heeft ons getoond hoe sterk je kunt zijn, ook als je weet dat je nog maar zo kort te leven hebt. Veel mensen gaan bij de pakken neerzitten, maar Laura liet zien dat je moet doorgaan met plezier maken tot het laatste moment."

Doodsangst kom ik zelden tegen

Vragen stellen. Dat is, in twee woorden, haar remedie. Diana Geers is palliatief verpleegkundige. Nee, ze wast geen zieken, verschoont geen bedden, geeft geen injecties. Ze is, typeert ze, „tolk, intermediair, klankbord".

Ze zegt: „In de loop van het leven vervult een mens allerlei rollen: kind, partner, ouder, collega – enzovoorts. Daaruit ontstaat iemands zelfbeeld. De laatste levensfase kan dat zelfbeeld doen wankelen."

De rol van stervende is een zware?
„Dat verschilt van mens tot mens. Door de aard van mijn werk spreek ik vooral mensen die moeite hebben in de laatste fase."

Waarmee worstelen zij?
„Een probleem kan zijn dat artsen te lang doorgaan met behandelen. Ze zijn opgeleid om ziektes te bestrijden. Daarvoor beschikken ze over een carrousel van medicijnen, therapieën, operaties. Maar een mens is geen machine. Ziekte, en zeker in de laatste levensfase, heeft ook andere kanten: sociale, emotionele, spirituele. Gesprekken daarover krijgen niet altijd de ruimte die ze nodig hebben."

Men loopt om de hete brij heen?
„Dat kom ik tegen, ja. Gesprekken over emoties zijn tijdrovend, moeilijk, kunnen onvoorspelbare wendingen nemen. Een arts is sneller klaar wanneer hij zegt: mijn vorige behandeling heeft niet het gewenste effect gehad, maar ik heb een sterker middel klaarstaan. Een patiënt denkt dan: oei, slecht nieuws, maar gelukkig ook een lichtpuntje."

Valse hoop? Kop in het zand?
„Ik noem het crisismijding. Er zijn specialisten die vast denken: de huisarts kent de patiënt beter en heeft een vertrouwensband, laat die de moeilijke gesprekken maar voeren.

Diana Geers is palliatief verpleegkundige in Gouda. Zij werkt voor ZorgBrug, een instelling die gespecialiseerde verpleegkundige zorg biedt in de regio Midden-Holland.

Evenzogoed zijn er patiënten die denken: de dokter zal 't wel weten, ik stel verder geen vragen, ik ga niet naar m'n eigen doodvonnis informeren. Bovendien kan een rol spelen dat partners totaal verschillend omgaan met het vooruitzicht van de dood."

Man zegt: ik geef de strijd op, vrouw zegt: nee, vecht door!?
„Op allerlei manieren kunnen partners en familieleden elkaar in de tang houden. Vaak zijn er onderhuidse spanningen: onuitgesproken wensen, opvattingen, angsten."

Dan verschijnt u aan het ziekbed. Hoe kom ik met u in contact?
„Via een behandelend arts, of iemand van de thuiszorg. Of mensen benaderen me rechtstreeks. Dat gebeurt vaak wanneer een zorgverlener inziet: er is bij deze man of vrouw méér aan de hand, maar ik krijg er de vinger niet achter. Of mensen zoeken een neutrale vertrouwenspersoon. Met een familielid of arts kan een relatie zijn ontstaan waarin ze heikele kwesties niet durven te bespreken."

Hoe wint u hun vertrouwen?
„Ik vertel dat ik vragen kom stellen en dat mensen volledig de regie hebben over hun eigen antwoorden: ze bepalen zelf wat ze wel of niet willen vertellen. Ik zeg dat ik er niet alleen ben voor de patiënt, maar ook voor familieleden en contacten met behandelaars, wanneer daaraan behoefte bestaat. Ik help woorden te vinden voor kwesties die niet eerder benoemd en besproken zijn. Ik help mensen hobbels te nemen, waardoor ze beter contact krijgen met hun naasten en beter met de naderende dood kunnen omgaan."

Concreet?
„De ene keer loopt een gesprek vanzelf. De andere keer vergt het meer moeite helder te krijgen wat er speelt. Dan gebruik ik de metafoor van de ruiter en het paard, of van de ijsberg, om mensen anders naar hun situatie te laten kijken."

De ruiter en het paard?
„Ja, ik zeg: u bent niet ziek, uw lichaam is ziek. Uw lichaam is

uw paard, u bent de ruiter. Het zieke paard is aan uw zorg toevertrouwd: u moet goed luisteren welke signalen het paard geeft. U kunt niet blijven doordraven zoals u gewend was. U kunt het paard wel met een zweep ervanlangs geven, maar daar wordt het niet beter van."

U scheidt lichaam en geest?
„Ja, maar voor veel mensen klinkt dat te zweverig. 'De ruiter en het paard' is neutrale beeldspraak. Wanneer ik bij een volgende ontmoeting vraag: 'Hoe gaat het?', krijg ik vaak te horen over pijn of gebrek aan eetlust. Dan zeg ik: 'Het paard heeft het zwaar. En hoe gaat het met de ruiter?' Die vraag wordt dan meestal direct begrepen. Zo ontstaat een gesprek waarin iemand kan reflecteren op z'n eigen situatie en loskomt van z'n ziekte."

Wat leert uw andere metafoor, van de ijsberg?
„Die gebruik ik om problemen in relaties helder te krijgen. Dan zeg ik: mensen zijn als een ijsberg in zee: slechts het topje is voor iedereen zichtbaar. Dat is ons gedrag. Onder de zeespiegel zitten onze gedachten en gevoelens, die we alleen via ons gedrag aan anderen kunnen tonen. Dit model helpt beladen kwesties te bespreken. Dan vraag ik: 'Spelen er ook gedachten die tot dusver onder water zijn gebleven?'"

Zoals angst voor de dood?
„Die kom ik zelden tegen. De angst gaat vaker over lichamelijk lijden, verlies van autonomie, het achterlaten van dierbaren."

Voert u ook gesprekken over 'leven na de dood'?
„Ik luister wel, als mensen daaraan behoefte hebben. Tegelijk maak ik mijn eigen positie duidelijk. Dan zeg ik: van de dood heb ik geen verstand, dus ook niet van de vraag of en hoe het leven daarna eventueel verder gaat. Wel kan ik u helpen bij het laatste stukje van uw leven hier op aarde. Dat is al moeilijk genoeg."

Naam: Rie Burgerding-van der Linden (1936-2012)

Woonde: in Amsterdam-Osdorp. Haar man overleed medio 2010. Zij kregen drie kinderen (twee zonen, één dochter). De laatste tien weken van haar leven verbleef zij in een 'bijnathuis-huis' in Santpoort-Noord.

Was: huisvrouw

Wat voorafging: Hoorde eind september 2011 dat zij maagkanker had, uitgezaaid naar de lever, in een vergevorderd, onbehandelbaar stadium.

Mijn laatste wens: m'n zoon terugzien

„Bij mijn oudste zoon, van 54 jaar, is afgelopen voorjaar asbestkanker geconstateerd. Dat heeft hij gekregen door werken met isolatiemateriaal voor verwarmingsbuizen. Hij had een installatiebedrijf.

„In diezelfde weken kreeg ik opeens geen hap meer door m'n keel. Kilo's viel ik af. De huisarts zei eerst: stress, depressie. Hij schreef antidepressiva voor. Het duurt een paar weken voordat je daarvan iets merkt, maar bij mij veranderde er niks. Toen ging ik de molen van het ziekenhuis in: maagonderzoek, wachten, nog een onderzoek, weer wachten.

„Intussen waren we in de familie volop met onze oudste jongen bezig. Over mezelf dacht ik: ze vinden vast wel een oorzaak, en dan behandeling, dan zal 't wel goed komen.

„Tegen asbestkanker valt in Nederland weinig te doen. Via een bevriende longarts kwam een zwager van mijn zoon erachter dat er in de Verenigde Staten wel een behandelmethode is die goed resultaat geeft. Toevallig was er afgelopen juni een symposium in Washington over asbestkanker, met deskundigen uit de hele wereld. Die longarts heeft er toen voor gezorgd dat mijn zoon daar werd uitgenodigd om mee te doen aan een trial.

„In juni is hij voor onderzoek een week in Washington geweest. Op het symposium was iemand die elf jaar na een borstvliesoperatie nog steeds leefde. Dat geeft hoop. Terug in Nederland moest hij vier chemokuren ondergaan. Als de kanker daarna stabiel was gebleven, zou hij in aanmerking komen voor een operatie, ook in Washington.

„Eind september kreeg ik een derde maagonderzoek. Die uitslag was een enorme dreun, ik kreeg m'n doodvonnis: kanker – en niks meer aan te doen. In diezelfde weken kreeg mijn zoon te horen: de chemo's zijn goed aangeslagen, je kunt je voorbereiden op een operatie.

„In oktober heb ik thuis nog ziek op bed gelegen, in het huis waar we in 1960 zijn gaan wonen en waar we met elkaar een prachtig leven hebben gehad. De kinderen en iedereen zorgden goed voor me, maar ik lag niet rustig in m'n eigen huis. Als je gewend bent alles zelf te doen, is het moeilijk je dagelijkse dingen los te laten. Intussen moest er voor mijn zoon ook een hoop geregeld worden. Hij moet een appartement huren, waar hij kan herstellen na de operatie. Wie gaat er met hem mee om hem te verzorgen? Mijn schoondochter kan dat niet in haar eentje al die weken. Het is een eindeloos geregel, terwijl ik in diezelfde tijd steeds zwakker werd.

‘Dat lijkt me 't mooist: inslapen met al je fijne herinneringen’

„Ik ben blij dat ik nu in dit huis ben. Toen ik hier binnenkwam, voelde ik me meteen tot rust komen. 'Zo, hier is het goed, hier kan ik rustig naar het einde toeleven.' Ik kan er nu in berusten dat het leven binnenkort voorbij is. Ja, vreselijk jammer is het wel, vooral omdat ik zo'n goed leven heb gehad, met m'n familie en zo veel goeie vrienden en buren. Juist als je zo positief in het leven staat als ik, wil je natuurlijk dat het nog een tijdje mag doorgaan. Maar het is niet anders.

„Toen ik in het ziekenhuis die slechte uitslag had gekregen, ben ik meteen naar de huisarts gegaan om over euthanasie te praten. De huisarts vroeg: 'Ben je gelovig, ben je bang van de dood?' Ik zei: nee, allebei niet. Hij heeft toen verteld hoe dat met euthanasie in z'n werk gaat en ik heb er nog eens over nagedacht. In dit huis hebben ze me verteld dat je ook met pijnbestrijding heel rustig, in een slaaptoestand, naar je einde gebracht kan worden. Dat lijkt me het allermooist: dat je kunt inslapen met al je fijne herinneringen.

„Ik heb het gezellig hier. Veel bezoek. Op dinsdagmiddag komt m'n bridgeclub. Dan spelen we een uurtje, daarna ga ik even rusten en dan spelen we nog een rondje. Maandagmiddag kwamen drie vriendinnen en een vriend van de zeilclub van mijn man. Als de mannen vroeger een week de zee op gingen, bij Griekenland of Turkije of zo, gingen wij vrouwen ook op pad: lekker in de zon zitten op de Canarische Eilanden, of een paar dagen naar Maastricht. Zo hebben we op allerlei manieren groepjes en contacten gehad: altijd mensen om ons heen.

„Mijn zoon kan nu ieder moment een oproep krijgen voor de operatie in Washington. Binnen vier, vijf dagen ligt hij daar dan op de operatietafel. Pas na vier tot zes weken is hij weer terug in Nederland. De kans is groot dat ik er dan niet meer ben. Ik hoop toch zo dat ik 't nog even kan volhouden, zodat ik hem na de operatie kan terugzien. Ja, dat is m'n laatste wens."

Rie Burgerding overleed op 14 januari 2012. Haar dochter Jeannette Sno-Burgerding: „Mijn broer was op tijd terug uit de VS, maar helaas was moeder toen al ver heen. Hij zei: 'Ik ben er, mama', waarna haar laatste woorden voor hem waren: 'O, wat fijn' – meer heeft ze niet kunnen zeggen. Ze heeft nog bijna een week gevochten voordat ze overleed, want ze was er echt nog niet klaar voor. Iedereen was erg verdrietig toen ze overleed. Zelden heb ik zo veel mensen op een crematie gezien. We missen haar nog elke dag. Maar ja, dat hoort bij het leven. De enige zekerheid die je hebt, is dat je doodgaat (moeders woorden). Met mijn broer gaat het naar omstandigheden goed."

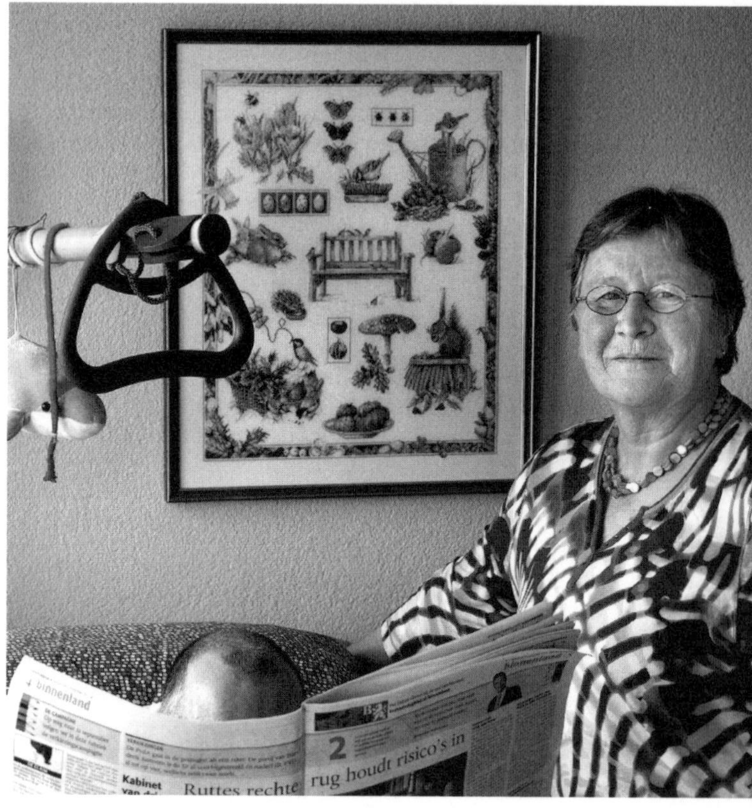

Naam: Anne-Marie van Echtelt (1945)
over de verzorging van haar man Johan (1944-2013)

Woont: in 's-Hertogenbosch. Zij heeft een dochter, twee zonen, allen met partner, en vijf kleinkinderen.

Is: gepensioneerd voedingsassistent in een verzorgingshuis. Haar man was directeur van een internaat voor schipperskinderen in Maasbracht.

Wat voorafging: Johan van Echtelt lag anderhalf jaar in een ziekenhuisbed thuis in de woonkamer. Longkanker, uitgezaaid naar botten, verkeerde in een terminale fase.

Ook een partner heeft het moeilijk

„Mijn man kan het emotioneel niet aan dit verhaal zelf te vertellen. Toen zei ik: zal ik het doen? Ik verzorg hem nu al ruim een jaar. Ook een partner maakt hele moeilijke dingen mee. Daarvoor mag ook best een keer aandacht zijn."

Anne-Marie van Echtelt heeft zich goed op het gesprek voorbereid. Op een kladblaadje heeft zij wel twaalf punten genoteerd die ze gezegd wil hebben. Vol lof is zij: over de huisarts, de longarts, de kinderen en kleinkinderen, buren, familie, vrienden – van alle kanten ervaart ze steun en liefde, waarover ze uitgebreid vertelt. En, niet te vergeten: twee ochtenden per week komen vrijwilligers van een organisatie voor terminale zorg (VPTZ.nl) haar man gezelschap houden, zodat ze tijd heeft voor boodschappen en eigen activiteiten.

Maar zijzelf? Hoe ervaart zij haar eigen rol als 'mantelzorger', van 's ochtends half acht, wanneer haar wekker afgaat, tot middernacht, als haar man de laatste medicijnen van de dag krijgt – en dat zeven dagen per week?

„In het afgelopen jaar hebben we vaak gedacht: nu zijn Johans laatste dagen aangebroken. Tot nu toe volgden steeds weer korte perioden waarin hij een beetje opkrabbelde.

Dan zegt hij: 'Als ik blijf zoals ik nu ben, kan ik nog wel vijf jaar mee.' Dan zeg ik: 'Maar ik zou dat niet volhouden.'

„Dat klinkt hard. Maar iedereen die me kent, weet dat ik 't niet zo bedoel.

„We beseffen allemaal dat zijn ziekte in een laatste stadium is. Ik zou niet willen dat hij op een dag naar een verpleeghuis zou moeten. Daarvoor hebben we niet 41 jaar alles in het leven samen gedeeld. Natuurlijk begon ik dag en nacht voor hem te zorgen toen hij vorig jaar september permanent op bed kwam te liggen. Een half jaar geleden merkte ik dat ik begon te slijten. Om het minste of geringste begon ik te janken.

„Er ontstaat zo'n dubbel gevoel. Aan de ene kant wil ik Johan niet kwijt. Aan de andere kant wilde ik m'n eigen huis terug, weer m'n eigen gang kunnen gaan. Vijf keer op een dag de thuiszorg, visite, telefoontjes, nooit spontaan even de deur uit lopen, de hele tijd maar bezig alles te organiseren – het ging me opbreken.

> Een half jaar geleden merkte ik dat ik begon te slijten

„Gelukkig begreep een oncologisch verpleegkundige meteen waarmee ik worstelde. Nog diezelfde dag kwam er iemand langs van de vrijwilligers voor terminale zorg. Zij zijn goed op de situatie ingespeeld, ze voelen precies aan waaraan je behoefte hebt: een gesprek, of juist even rust en stilte. Bij visite is dat soms moeilijk. Je denkt toch: ik moet wat te drinken en te eten aanbieden, de tijd voor ze nemen, belangstellend zijn.

„Niet iedereen die langskomt, kan zich even goed een houding geven. Dat is ook lastig, dat begrijpen we best. Als ik vertel wat ik zelf moeilijk vind, nemen sommigen direct het gesprek over: 'Je moét ook zus, je moét ook zo...' Dan denk ik: ik weet heus zelf heel goed wat ik wel en niet moet, ik zit niet te wachten op allerlei oplossingen, ik wil gewoon even mijn verhaal kwijt. Niet iedereen is in staat rustig te luisteren en vragen te stellen, terwijl ik aan zulk gezelschap vaak het meest behoefte heb.

„Met Johan kan ik alles bespreken, maar sommige dingen gaat hij voor mijn gevoel een beetje uit de weg. Allerlei administratie heeft hij al aan me overgedragen. Een adressenlijst voor de rouwkaarten hebben we al gemaakt. Maar praten over alles rondom de crematie, over hoe het voor mij zal zijn als ik straks alleen ben – dat komt er niet zo van. Hij duwt het een beetje voor zich uit: 'Ach, zover is het nog niet.' Ik ga daar wel een beetje in mee, denk ik. Hij is er nog – dat is het belangrijkste. Zijn motto is: 'Zolang ik tien minuten per dag kan genieten, vind ik het leven de moeite waard.'

„Die tien minuten zijn er beslist elke dag nog, op z'n minst. De kleinkinderen zijn steeds weer lichtpuntjes in donkere momenten. Ik kan wel een boek schrijven over de lieve dingen die ze allemaal voor opa en oma hebben gedaan. Misschien moet ik dat straks gaan doen."

Johan van Echtelt overleed op 4 januari 2013. Zijn vrouw Anne-Marie: „Zijn einde zagen wij al tijden aankomen. Toen het echt daar was, vroeg hij aan mij of ik het goed vond dat hij ermee stopte. Natuurlijk vond ik dat goed. Toch vroeg hij het nog een keer: 'Weet je het zeker?' Ja, ik wist het zeker, want hij was echt op. Hij is in slaap gevallen en niet meer ontwaakt. Hij is nog vier dagen thuis geweest. We hebben het fijn gehad, maar het is goed zo.
Het is nu stil in huis. En wat duren de dagen opeens vreselijk lang. Na 42 jaar huwelijk met Johan is het klaar. We hebben een mensenmens verloren met een hart voor *iedereen*."

Naam: Riet Vermolen-Castricum (1933-2011)

Woonde: in Heiloo. Verbleef de laatste zes maanden van haar leven in Hospice Alkmaar.

Was: verloskundige, ruim tien jaar, totdat zij in 1964 haar eerste van drie zonen kreeg. In 1963 trouwde zij. Haar man Dick overleed in 2005. Tientallen jaren heeft zij vrijwilligerswerk gedaan, onder andere in een Wereldwinkel.

Wat voorafging: Begin jaren negentig werd bij haar borstkanker geconstateerd, zes jaar later gevolgd door uitzaaiingen in haar botten. In juli 2011 werd zij overgebracht naar Hospice Alkmaar, in de verwachting dat zij nog slechts enkele dagen, hooguit een enkele week, te leven hebben zou.

Een huis zoals dit – dat is mijn geloof

„Ik lig hier al veel te lang. Volgens de regels van de verzekering had ik allang moeten verhuizen naar een verpleeghuis. Gelukkig is er een paar keer een uitzondering voor me gemaakt. Nu heb ik de tijd gekregen tot 1 april. Voor die tijd hoop ik dood te zijn. Er wordt hier zo geweldig goed voor me gezorgd. Ik zou het vreselijk vinden als ik nu nog moest verkassen.

„Ik woonde in Heiloo aan een pleintje met elf huizen. Toen ik niet meer alles zelf kon, zijn de buren bij elkaar gekomen. Ze hebben een rooster gemaakt: jij gaat op maandag bij Riet langs, jullie dinsdag, enzovoorts. Eerst deden ze alleen boodschappen, daarna kreeg ik ook maaltijden en zo zijn ze steeds meer voor me gaan doen. Ik zeg altijd: ik woonde aan een pleintje met een gouden randje.

„In de loop van juni ben ik gestopt met eten. Ik kreeg niets meer naar binnen. Alles smaakte bitter, ik werd er zo ziek van. Ik had ook 24 uur verzorging om me heen. Het was een drukte van belang in mijn huis en een hoop georganiseer.

„Ik kan me er niets van herinneren dat ik naar dit huis ben overgebracht. Het goot van de regen die dag – dat is het enige wat ik nog weet.

„Hier ben ik weer gaan eten. Langzaamaan knapte ik wat op. Heel bijzonder. Ik noem dit mijn tweede thuis. Er zijn hier wel honderd vrijwilligers actief. Ze verwennen me. En al die maanden is het bezoek blijven komen – buren, vrienden, familie. Met mijn tennismaatjes klaverjasten we op woensdagmiddag. Eerst rondom de tafel, daarna rondom mijn bed. Maar inmiddels ben ik te zwak. Voor het eerst heb ik ze afgebeld. Wel vind ik het fijn als er iemand naast m'n bed zit. Dan zeg ik: je hoeft niet te praten, hoor, je mag ook gewoon de krant lezen of tv kijken. Dat je er bent, is al genoeg voor mij.

„Ik heb altijd gezegd dat ik niet bang was voor de dood. Maar nu het zover is, ben ik dat wel. Of bang, nee, dat is misschien het woord niet. Daar, onder de tv, staat een foto van het graf van mijn man, waar ik ook kom te liggen. Ik heb het gevoel dat ik dat graf ingetrokken word en dat ik tegenstribbel – die gedachte speelt steeds maar door mijn hoofd. Ik wil erbij zijn na de begrafenis, in het restaurant, en een glas wijn met iedereen drinken. Ik ben jaloers, echt jaloers op alle gezonde mensen die hier maar in- en uitlopen alsof het de gewoonste zaak van de wereld is. Ik wil dat ook! Ik ben altijd een eigenwijze en zelfstandige tante geweest en nu kan ik niks meer.

> Als ik God toevallig tegenkom, zal ik 'm op z'n donder geven

„Ik ben niet bang om straks dood te zijn. Ik ben agnost. Ik meen oprecht dat je als mens niet kunt weten of er hogere machten zijn. En mocht ik God toevallig tegenkomen, dan zal ik 'm flink op z'n donder geven. Ik ben katholiek opgevoed met de gedachte dat God almachtig is. Als dat echt zo was, heeft hij een fout gemaakt bij de schepping. Dan had hij moeten stoppen bij de natuur en de mens achterwege moeten laten.

„Nee, ik geloof niet in een goddelijk plan. Een huis zoals dit – dát is mijn geloof. Mensen geven hier hun tijd en hun aandacht aan mij, terwijl ik zelf niks meer kan teruggeven. Eeuwig dankbaar stemt me dat.

„Mijn geloof zit in het woord hoop. Ik hoop dat mensen leren de welvaart in de wereld beter te verdelen. Ik ben blij dat ik sober ben opgevoed en onze jongens hebben we niet verwend. Mijn jongste zoon vertelde een keer dat hij met vrienden in Amsterdam een kamer van een zwerver zou opknappen. Ik zei: 'Wat goed! Hoe kom je daartoe?' Hij antwoordde: 'Ach logisch, ik kom toch hier vandaan?' Zulke herinneringen zijn me dierbaar. Kennelijk heb ik iets kunnen doorgeven wat voor mij altijd heel waardevol is geweest."

Riet Vermolen-Castricum overleed op 24 maart 2011. Haar zonen Peter-Paul, Dirk-Jan en Frank: „Zij was zeer blij en dankbaar dat zij haar laatste maanden kon doorbrengen in het hospice van Alkmaar. Onze dank gaat uit naar alle medewerkers van dit hospice."

Naam: C.F. Meihuizen (1921-2011)

Woonde: in Driehuis, 55 jaar in hetzelfde huis, waar zijn drie kinderen opgroeiden: twee zonen en een dochter. Verbleef in een 'bijnathuis-huis' in Santpoort-Noord.

Was: directeur van een bouwtechnisch constructiebureau

Wat voorafging: Werd, door hart- en nierfalen, volledig afhankelijk van hulp. Noemde het „vreselijk verdrietig" dat hij zijn eigen huis „moest opgeven" en toonde zich tegelijk „ontzettend gelukkig" met de verzorging die hij in het hospice kreeg.

Ik zal rustig kunnen wegglijden

„Het is de bedoeling dat ik binnen enkele weken het leven laat. Ik heb dat uitvoerig besproken met de kinderen en mijn huisarts. Mijn conclusie is: laat me nu maar gaan, ik heb een mooi leven gehad, 't is genoeg geweest.

„Altijd ben ik bezig geweest met werken, knutselen, tuinieren. Stilzitten was niks voor mij. Een maand of drie geleden kwam ik op bed te liggen. Zag ik de hele dag niks anders dan mijn tuin: kijk, daar is een bloempje uitgekomen, ach, daar verwelkt er één. Dan groei je vanzelf toe naar de gedachte: ik ben niet meer nodig op deze wereld, ik ben de kinderen alleen maar tot last – en dat wil ik niet, die totale afhankelijkheid past niet bij degene die ik was.

„Ik had het geluk dat mijn jongste zoon en schoondochter in het huis naast mij woonden. Ook mijn oudste zoon, die vlakbij woont, en mijn dochter uit Friesland hebben me uitstekend verzorgd. Maar zij hebben hun werk overdag en ik vond het bezwaarlijk dat ze zich dag in, dag uit om mij moesten bekommeren. Dat wilden ze niet horen natuurlijk, maar ik voelde me nu eenmaal ongemakkelijk bij die situatie.

„Mijn vrouw is drie jaar geleden overleden na acht jaar ziekte van Alzheimer. In die jaren zijn mijn jongste zoon en schoondochter naast ons komen wonen. Mede daardoor hebben we mijn vrouw nog lang thuis kunnen verzorgen. De laatste twee jaar van haar leven verbleef ze in een verzorgingshuis. Het was vreselijk om te zien hoe haar geheugen, haar spraak, haar motoriek stap voor stap uitvielen. Ze heeft lange tijd in een ligstoel doorgebracht. Met een liftje werd ze tussen bed en stoel heen en weer getakeld. Ontluisterend vond ik dat, ik kon het niet aanzien: mijn vrouw, met wie ik zo veel had gedeeld, die op geen enkele wijze nog zelfstandig kon functioneren.

„Ik zal, heeft de huisarts mij verzekerd, op een rustige manier kunnen weggglijden. Zodra ik er klaar voor ben, stop ik met de medicijnen voor m'n hart en nieren. Andere medicijnen zorgen er dan voor dat ik kalm blijf en geen pijn krijg. Aan het einde van deze week hoop ik het eindgesprek hierover te voeren met mijn kinderen en de huisarts. Dan hoor ik wel of het daarna nog een kwestie van een paar dagen, een week of weken kan zijn – dat heb ik nog niet gevraagd.

Ik ben er echt aan toe dit allemaal achter mij te laten

„Vanmorgen onder de douche stootte ik me ergens aan, wat flink pijn deed. Toen besefte ik: binnenkort voel ik dat niet meer, dan voel ik helemaal niks meer. Een golfje van geluk spoelde door mij heen. Ik heb last van jeuk, vooral 's nachts, ik kan er niet van slapen. Ik voel me intens moe. Ik ben er echt aan toe dit allemaal achter mij te laten.

„Lichamelijk heb ik het zwaar op dit moment, maar tegelijk voel ik me zeer tevreden. Ik ben niet angstig voor wat komen gaat, ik voel me totaal niet opstandig. Ik ben blij met het bezoek dat dagelijks langskomt. Wanneer ik alleen ben, lig ik een beetje te peinzen over m'n leven en over de kinderen en kleinkinderen die allemaal goed zijn terechtgekomen. Het is goed zo.

„Ik ben opgegroeid in de Nederlands-hervormde traditie. Ik was ooit, omstreeks m'n 20ste, de jongste ouderling van Nederland. Later heb ik me aangesloten bij de zevendedags-adventisten. Daar ben ik opgestapt, meer dan vijftig jaar geleden alweer, toen een voorganger ervandoor ging met het geld en een jongere vrouw van onze afdeling. Dat heeft me voorgoed genezen van het instituut kerk. Het zijn allemaal machtsbolwerken die angst verspreiden om mensen in hun greep te houden – de katholieke kerk net zo goed als moslimgemeenschappen. De Bijbel is voor mij een boek van hoop en liefde, niet van hel en verdoemenis.

„De vraag wat hierna komt, houdt me niet bezig. Er zal iets zijn – dat voel ik. Ik kan me niet voorstellen dat alle kennis en ervaring die ik in mijn leven heb verzameld bij mijn dood voor de eeuwigheid verloren gaat.

„In mijn ogen maakt de geest van een mens deel uit van een groter geheel, van een andere dimensie, die wij als mens niet kunnen waarnemen. Ik denk dat die te mooi en te groot is om ons een voorstelling van te kunnen maken.

„Echt contact met de andere kant is er nooit geweest, dus we kunnen er alleen naar gissen. Aan dergelijke fantasie wil ik niet meedoen, uit respect voor het Grotere, of het Hogere, of hoe je het noemen wilt. En mocht straks blijken dat er helemaal niks is: ook goed, niks is niks – het zal me verder niet raken dan."

C. F. Meihuizen overleed op 1 november 2011. Zijn zoon Hans: „De laatste dagen van zijn leven heeft hij volgens mij reikhalzend naar de dood uitgekeken. Hij was er klaar voor. In die laatste dagen is voor mij het leven gewoon doorgegaan: bij euthanasie weet je wanneer het einde daar is, er valt dan nog weinig meer te zeggen en te doen. Het einde is gekomen zoals hij het geregisseerd had."

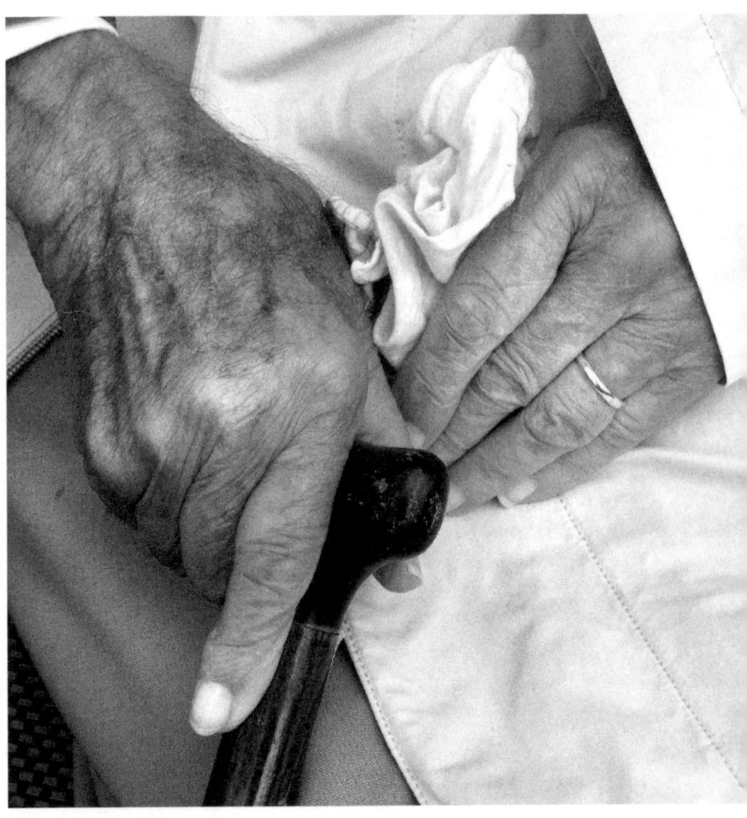

Naam: Nelleke Hagt (1952)
over haar vader A.R.A. Hagt (1921/2013)

Hij woonde: in Elst (Utr.), in De Tabakshof, een huis voor mensen die lijden aan dementie

Hij was: fiscalist en jurist. Zijn vrouw overleed in 2002. Samen kregen zij zeven kinderen: vier dochters en drie zonen.

Wat voorafging: In de zomer van 2007 werd bij hem de diagnose 'beginnende alzheimer' gesteld. In september 2010 verhuisde hij van zijn flat in Amersfoort naar een besloten huis voor mensen met dementie, waar hij in maart 2013 overleed.

Gewoon er zijn betekent heel veel

„Mijn vader is verbaal altijd zeer begaafd geweest. Hij beschikt over een sterke persoonlijkheid, waarmee wij het als kinderen niet altijd even makkelijk hebben gehad. Vooral in m'n puberteit heeft dat natuurlijk het nodige geknetter gegeven. Maar dat ging vanzelf voorbij toen ik eenmaal volwassen was en m'n eigen leven kreeg. En gevoel voor humor ontbreekt gelukkig niet in onze familie. Met een grap hebben we elkaars onhebbelijkheden altijd wel kunnen relativeren.

„Een man van boeken was mijn vader – met een enorme algemene ontwikkeling en een scherp en wijs oordeel. Des te tragischer vind ik het dat juist deze man dit verhaal niet zelf kan vertellen. Nog steeds zijn er momenten waarop hij zijn gedachten en gevoelens uitstekend onder woorden kan brengen. Maar die kunnen ook weer direct voorbij zijn. Opeens kan hij de greep verliezen op de situatie waarin hij zich bevindt. Daarom ontmoet hij liever geen mensen meer die hij niet kent. Het maakt hem onrustig, angstig, soms ook heel boos.

„Ik vind het moeilijk namens mijn vader te praten over zijn leven op dit moment. Ik kan hem niet vragen of hij het goed vindt dat ik dit doe. Het is een te lastige vraag, die hem achterdochtig zou maken. Wat? – zijn verhaal in de krant? Eigenlijk zou ik dit laatste al niet willen zeggen. Ik wil niet voor hem denken, niet in zijn plaats treden. Bij alles wat ik vanuit zijn perspectief zeg, voelt het alsof ik hem niet alleen 'het laatste woord', maar ook zijn laatste waardigheid ontneem.

„Als dochter denk ik aan de ene kant: wat vreselijk dat zijn laatste levensfase op deze manier verloopt. Hij heeft altijd z'n eigen weg gevolgd. Hij is nooit een groepsmens geweest. Nu woont hij hier in een huis van waaruit hij niet alleen op pad kan gaan. Hij is afhankelijk van hulp en z'n wereld wordt letterlijk en figuurlijk steeds kleiner.

„Aan de andere kant beleven we samen hele mooie momenten. Mijn vader heeft ook een hele gevoelige kant die hij nu vaker toont dan vroeger. Ik heb geleerd dat we helemaal niet hoeven te praten om goed contact te hebben. Soms krabbel ik even op zijn hoofd. Dat vindt hij fijn. Vroeger hoefde je dat niet te proberen. Hij was wel lichamelijk, maar meer met stoeien en een plaagstootje geven.

> Praten hoeft helemaal niet om goed contact te hebben

„We maken wandelingen samen. Hij loopt achter zijn rolstoel. Als hij moe wordt, kan hij erin gaan zitten. We beleven avontuurtjes. Laatst zagen we een huis te koop staan. Bijna helemaal begroeid was het, met een totaal verwilderde tuin. Kom, zei ik, hier gaan we eens even naar binnen gluren. Dan schuifelt hij mee door het hoge gras. Dat vindt hij leuk, dan straalt hij: even samen het gevoel hebben dat we iets stouts doen.

„Het huis waarin hij nu woont, werkt volgens het concept van Martha Flora. Het is genoemd naar de moeder van een ondernemer. Zij is aan alzheimer overleden. Haar zoon probeert nu op verschillende plekken in Nederland speciale huizen voor demente ouderen op te zetten. Het huis wil zo dicht mogelijk bij een huiselijke situatie blijven en geen traditioneel verzorgingshuis zijn.

„Als ik de naam Martha hoor, denk ik aan het bijbelverhaal over Marta en haar zus Maria uit het dorp Betanië, waar Jezus hun broer Lazarus uit de dood opwekt. Marta is de hele tijd druk bezig met koken en zo, terwijl Maria aan de voeten van Jezus zit en stil naar hem luistert. Op een zeker moment vraagt Marta aan Jezus: 'Kunt u tegen Maria zeggen dat zij mij moet helpen?' Wat Jezus dan precies antwoordt, weet ik niet meer uit m'n hoofd, maar het komt erop neer: stilzitten en gewoon luisteren is soms veel belangrijker dan de hele tijd maar druk bezig zijn om iemand te verzorgen.

„Dat is wat ik nu zelf ook probeer, samen met mijn broers en zussen. Wij zorgen ervoor dat er driemaal per week iemand van ons bij vader op bezoek komt. Ikzelf ben bijna iedere week een middag en een deel van de avond bij hem. Hij laat duidelijk merken dat hij dat prettig vindt en ik geniet er ook van. Niet op de tijd letten. Meegaan in de stiltes die vallen en de vragen die hij stelt. Gewoon er zijn – het klinkt als weinig maar het betekent heel veel."

A.R.A. Hagt overleed op 14 maart 2013. Zijn dochter Nelleke: „In het laatste half jaar van zijn leven sprak hij steeds minder, had hij er geen behoefte meer aan naar buiten te gaan en zat hij vooral nog met zijn ogen dicht. Toen zijn oude jeugdvriend kwam te overlijden, leek er een knop bij hem om te gaan. Hij ging steeds minder eten, en na een longontsteking helemaal niet meer. Na een indrukwekkend sterfbed, waarbij zijn sterke hart nog vier dagen bleef pompen op niets dan zijn oude lichaam, heeft hij in vrede de geest gegeven. Dat ik bij zijn sterven mocht zijn, was voor mij een heilige ervaring."

Naam: Madelon den Adel-Alblas (1975)

Woont: in Rotterdam, met haar man Arjen, zoontje Bas (2006) en dochter Nadine (2008)

Is: ontwikkelingspsycholoog

Wat voorafging: Baarmoederhalskanker werd bestreden in 2009. In september 2011 werd opnieuw kanker vastgesteld, uitgezaaid, zonder vooruitzicht op genezing.

Leven met de kinderen, hier en nu

„Zo lang mogelijk wil ik de persoon zijn die ik ben. Daarom zie ik af van verdere behandeling. Ik ben in 2010 verschrikkelijk ziek geweest. Toen dacht ik: ik ga dit redden, geef me alle middelen maar die er zijn. Mijn kracht haalde ik uit de kinderen.

„Afgelopen zomer voelde ik me beter dan ik me lange tijd had gevoeld. Toen ik hoorde dat de ziekte terug was, dacht ik direct: ik ga niet weer het terrein prijsgeven dat ik met zo veel moeite heroverd heb. Dan sta je voor een vreselijk moeilijke keuze. Wil ik nog zo lang mogelijk zo normaal mogelijk doorleven, gevolgd door een heftige laatste periode? Of stap ik weer in de patiëntenrol, waarin ik hoogstwaarschijnlijk direct doodziek zal zijn, met als enige voordeel dat ik misschien, heel misschien iets langer te leven heb? En wat betekent dat dan, 'langer leven'? Hoe zit het met de kwaliteit van leven? Door niet te behandelen, kiezen wij voor kwaliteit boven kwantiteit.

„Voor mijn gevoel heb ik de goeie keuze gemaakt. Voor de kinderen kan ik nog steeds volledig hun moeder zijn. M'n energie is nog niet aangetast. Afgelopen maanden hebben we het druk gehad met allemaal leuke dingen. We genieten volop met elkaar. Twee weken geleden hebben we geschaatst. We hebben mijn verjaardag gevierd. Enerzijds was dat beladen: iedereen besefte dat het de laatste keer kan zijn. Anderzijds: we doen er heel open over, maar we willen niet dat mijn ziekte alles overschaduwt. Met glazen champagne stonden we in een kring en even ontstond een ongemakkelijk sfeer – gaan we nu ook zingen? Ik zei: 'Ja, natuurlijk zingen we *Lang zal ze leven*, want dat willen we toch allemaal!'

„In het afgelopen half jaar hebben we als gezin geleerd vooral in het 'hier en nu' te leven. In zekere zin is het een voordeel dat onze kinderen nog zo jong zijn, want dat is precies zoals kinderen leven. Zij kunnen het ene moment heel verdrietig zijn en daarna weer gewoon gaan spelen alsof er niks aan de hand is.

„Tegenover de kinderen zijn we heel open over mijn ziekte, maar we geven de informatie alsof het puzzelstukjes zijn. Bas kan die stukjes zelf al combineren. Op het moment dat hij eraan toe is, praten we dan over de naderende dood. Je merkt dat hij veel behoefte heeft aan duidelijkheid; we proberen zijn vragen zo goed mogelijk te beantwoorden. Zo maakte hij zich zorgen dat zijn zusje het later ook kan krijgen. Ik zei: 'Ik heb pech gehad dat het bij mij niet op tijd ontdekt is, helaas.' Hij bleef stil en zei toen: 'Helaas, pindakaas – hé, dat heb ik op mijn brood!' Toen moesten we allebei zo lachen. Dan ben ik opgelucht. We hebben de beladen situatie kunnen bespreken, direct gevolgd door ontlading, waarna hij met z'n kinderdingen kon doorgaan.

> We willen niet dat mijn ziekte alles overschaduwt

„Met enige regelmaat herhaalt Bas zijn vragen. Dan biedt hij zelf de opening voor een gesprek. Toen we 't er laatst over hadden, zei hij: 'Ik zal nu niet de hele tijd huilen, want dan lijkt het net of je al dood bent.' Het is ongelofelijk om te zien hoe wijs een zesjarige al kan zijn.

„Voor Nadine, die bijna vier is, valt het veel moeilijker te bevatten. Arjen zei laatst: 'We moeten haar gewoon over je symptomen vertellen, de gevolgen zijn nog te ingewikkeld voor haar. De conclusies trekt ze straks zelf wel, dan begint ze erover op het moment dat zij eraan toe is.' Dat lijkt me voor nu de juiste benadering.

„Op allerlei manieren zijn we bezig herinneringen voor later te verzamelen. Arjen en ik kennen elkaar al vanaf ons derde jaar. We komen uit hetzelfde dorp in Zeeland. Sinds ons 24ste zijn we echt samen. Hij zal dus later sowieso aan de kinderen kunnen vertellen hoe ik als kind was, hoe mijn leven is gelopen.

„In 2010 zijn we getrouwd. Van mijn beste vriendin, die ik ook al mijn hele leven ken, kreeg ik toen 'Het Grote Madelon Boek'. Dit vormt de basis van mijn levensverhaal, dat ik nu samen met haar, Arjen en mijn familie aanvul met losse verhalen, brieven, foto's en video's. Ik maak opnamen van boeken die ik voorlees, zodat ze mijn stem kunnen blijven horen. Ik ben nu bezig met *Otje*, mijn favoriete kinderboek. Ik schrijf dingen op die Arjen later aan de kinderen kan laten lezen: bijvoorbeeld over hoe ik mijn puberteit heb beleefd, hoe ik seksualiteit heb ervaren. Dat soort moeder-kindgesprekken zal ik niet zelf kunnen voeren, maar op die manier hoop ik ze later toch te kunnen helpen.

„Als gezin nog zo lang mogelijk zo normaal mogelijk functioneren – dat is waarvoor we ons nu inzetten. Tot dusver is dat goed gelukt. Het is heerlijk om te zien dat onze kinderen vrolijk, sociaal en evenwichtig zijn. Ons allergrootste geluk is tegelijk ook ons grootste verdriet. Dat is een dubbel gevoel, ja – maar de balans is tot dusver meer dan positief, en dat telt, hier en nu."

In de nazomer van 2012 besloot Madelon den Adel zich toch weer te laten behandelen. Ze doet mee aan een experimentele studie van het LUMC in Leiden (chemotherapie gecombineerd met immunotherapie). Eind januari 2013 meldt ze dat de resultaten hoopgevend zijn. Haar kwaliteit van leven is toegenomen. Ze leeft langer dan ze eerder voor mogelijk hield en begint voorzichtig hoop voor de toekomst te krijgen.

Naam: Harrie van Gestel (1965-2012)

Woonde: in Waalwijk, met vrouw Hester en dochters Erin en Silke (10 en 6 jaar)

Was: interim- en crisismanager

Wat voorafging: Onderging in augustus 2008 een spoedoperatie wegens een hersentumor, gevolgd door bestraling en chemokuur. Sindsdien leefde hij met terugkerende epilepsie. In augustus 2011 werd opnieuw een hersentumor verwijderd. Zijn prognose toen: „Kwestie van maanden."

Toekomstspijt – dat is wat ik voel

„Binnenkort ben ik jarig. Vrijwel zeker wordt het mijn laatste verjaardag. Eigenlijk wilde ik de meisjes meenemen naar een sterrenrestaurant. Dat lukt niet meer. Te veel prikkels.

„Onze dochter Erin van 10 heeft er iets op gevonden. Zij heeft gebeld naar een sjiek restaurant in Kaatsheuvel en gezegd: 'Mijn vader wil nog één keer heel lekker eten, kan dat bij ons thuis?' In ruil daarvoor wilde ze haar hele spaarpot omkeren. De chefkok had z'n vader aan kanker verloren en de eigenaar vond het aanbod van de spaarpot zo aandoenlijk dat ze ja hebben gezegd. Gratis!

„Vorige week vrijdagavond hebben Hester en ik thuis genoten van een diner met Michelinster. Erin serveerde samen met de eigenaar. Nooit eerder hebben we bij elke gang een kusje van de serveerster gekregen.

„We leven hier in huis al ruim drie jaar met het vooruitzicht dat mijn leven op korte termijn voorbij kan zijn. Onze dochters weten bijna niet beter dan dat ze een zieke papa hebben. Dat vind ik het allerergst: dat ik niet de vader voor hen kan zijn die ik had willen zijn. Daarnaast zijn Hester en ik ook veel kwijtgeraakt – behalve elkaar, gelukkig. Intussen heb ik geprobeerd nog zo veel mogelijk in die drie jaar te proppen. Ik ben onder andere directeur van de Stichting Hersentumor.nl geweest en ik heb zo lang mogelijk doorgewerkt.

„Ik had zo veel met mijn dochters willen doen: skiën in Les Arcs, naar vrienden in de VS. Hester had het geweldig gevonden als ik had kunnen zeggen: ik neem de meiden in de herfstvakantie mee naar een goede vriend van ons in Bristol, dan heb jij lekker een weekje voor jezelf.

„Hester en ik hebben het woord 'toekomstspijt' ervoor uitgevonden. Ons leven als gezin stond perfect op de rails. Mooi huis, alle twee vier dagen werken en tijd genoeg voor twee prachtdochters, familie en vrienden. En dan dit.

„In twee grote boeken voor de meiden schrijf ik nu op wat ik allemaal met hen had willen doen. Ik schrijf over mijn lievelingsfilms en favoriete boeken. Ik schrijf gedichten over die mij ooit hebben geraakt.

> Het leven had me zoveel te bieden waarvan ik afgesneden ben

„Laatst heb ik Erin en Silke een iPod gegeven die ik helemaal heb gevuld met de muziek waarvan ik houd. Ik ben een alleseter: Patricia Kaas, Herman Brood, klassiek, Suede, Green Day, Chet Baker. Ik ben ontroerd als ik ze nu een liedje van de Carpenters hoor zingen – dat is een deel van mijn jeugd.

„Ik ben bezig aan een brief voor hen, voor later. Hester kan beslissen wanneer ze eraan toe zijn. Zo'n 180 pagina's A4 heb ik al volgetikt. Alles over mezelf staat erin wat ik hun nu nog niet kan vertellen. Daar zitten heftige passages tussen, over fouten of vergissingen. Ook die verhalen horen bij het leven. Ik wil dat mijn dochters later m'n goede en zeker ook mijn zwakke kanten kennen. En ik vertel hoe blij ik was met ons leven.

„Als ik terugkijk op de afgelopen drie jaar kan ik weinig bedenken om te bestempelen als: 'de ziekte heeft ons ook iets positiefs gebracht'. Misschien de manier waarop vrienden en familie reageren en ons helpen. En relaties uit interimklussen die hechte vriendschappen zijn geworden. Maar de weegschaal helt wat mij betreft zwaar over naar de foute kant. Ik zal mijn dochters niet zien opgroeien. Ik kan de droom niet waarmaken dat ik op een dag samen met Hester in een appartement aan de Maasboulevard woon.

„Gelukkig overheerst dit gevoel niet in ons leven van alledag. Dat kan ook niet, met twee jonge kinderen. De sfeer in huis is ontspannen. Laatst maakten de dames met z'n drieën een plan voor een volgende vakantiebestemming. Ik zei: 'Hé, hé, heb ik daar ook nog iets over te zeggen?'

'Nee papa, dan ben jij er toch niet meer', riepen de dochters in koor.

„Voor een buitenstaander klinkt dat misschien hard, maar wij kunnen er vrolijk om lachen. Voor mij is zoiets het bewijs dat mijn dood niet steeds als een zwarte schaduw boven ons gezin hangt. Dat stelt me een beetje gerust. Maar door tekeningen en verhalen die ze maken en schrijven, merk ik hoeveel ze ermee bezig zijn.

„Ik heb mijn dochters leren schaken. Ook met Silke van 6 kun je al een leuk partijtje spelen. Op een avond bracht ik haar naar bed. Die middag had ik haar geleerd dat je een geslagen stuk kunt terugkrijgen als je met een pion de overkant bereikt. 'Ik heb iets bedacht', riep ze 's avonds. 'Als ik straks naar het einde van de wereld ga, kan ik jou terugvragen!' Ik antwoordde: 'Je kunt ook een andere papa kiezen.' Ze zei: 'Nee, ik neem jou, zonder tumor.' Ik was niet in staat nog iets terug te zeggen."

Harrie van Gestel overleed op 16 februari 2012. Zijn vrouw Hester: „Ik heb bijna 25 jaar met Harrie samengeleefd en ik ben zelfs nu – nu hij dood is en ik hem onvoorstelbaar mis – gelukkiger dan voordat ik hem kende. Omdat ik hem gekend heb, om de betekenis die hij aan mijn leven heeft gegeven. Wat ik van hem geleerd heb, hoe hij mij gezien heeft en ook om hoe hij zich voor mij heeft opengesteld. We hebben samen twee prachtige dochters gekregen voor wie hij tot op het laatst toe een geweldige vader was. Ik probeer hun de rest van mijn leven zijn 'wezen' mee te geven zoals ik dat gekend heb, waardoor hij hun – ook na zijn dood – nog steeds onvoorwaardelijke liefde, levensvreugde en referentiekader biedt."

Naam: Johan Pel (1962-2012)

Woonde: in Amstelveen, met vrouw Paulien. Zij kregen een zoon en een dochter, nu beiden studerend.

Was: advocaat en mediator bij kantoor Kennedy Van der Laan in Amsterdam

Wat voorafging: In juli 2011 werd bij hem de diagnose slokdarmkanker gesteld. Chemokuur, bestraling en operatie volgden. Half mei 2012 kwamen uitzaaiingen in zijn lever aan het licht.

Woede zit niet in mijn karakter

„Mijn fysieke conditie is de afgelopen weken zo slecht geweest dat ik weinig verdriet heb kunnen voelen. Ik was te ziek, ik had er de energie niet voor.

„Het verdriet is er natuurlijk wel geweest. Het kwam in fasen. Nog geen jaar geleden hoorden we: foute boel. Toen heb ik veel gehuild: alleen, samen met Paulien, met de kinderen, met mensen om me heen.

„Tijdens de eerste fase van behandeling kwam ik in een soort actiemodus. Zo van: we gaan ervoor, ik zal dit goed doorstaan. Ik was veel buiten, deed zo veel mogelijk aan sport om m'n conditie op peil te houden. Na twee vakanties, vlak voor de operatie in oktober, zag ik er van buiten kerngezond uit. Gebruinde kop.

„De operatie heb ik goed doorstaan. Het herstel verliep wonderlijk snel. De domper kwam kort erna: de uitslag van weefselkweek – drie lymfeklieren waren niet schoon. Voor Paulien en mij bracht dit een nieuwe fase van verdriet. Je beseft: dit was geen geïsoleerd probleem, dit kan snel weer ergens opduiken. De kinderen reageerden optimistischer: 'Jij gaat hier gewoon doorheen komen.'

„De drie maanden na de behandelingen heb ik een revalidatieprogramma gevolgd, 'Herstel en balans', twee dagen per week. Veel sport. En, zoals dat heet: psycho-educatie, groepsgesprekken over emotionele verwerking, relaties, werk, voeding. Het bracht me snel weer op de been. Tegelijk wist ik: de komende jaren worden heel spannend, het is nog lang geen uitgemaakte zaak dat ik dit ga overleven.

„Eind februari stond ik weer op de ski's. Kort erna heb ik m'n werk weer opgepakt. Maar al vrij snel daarna voelde ik me niet goed. Begin mei zei de dokter: 'We zullen weer 's goed gaan kijken, met scans en zo.' Ik voelde meteen: het is niet goed, 't is weer mis. Eigenlijk schrok ik niet eens zo heel erg toen twee weken geleden de uitslag kwam. Ik wist het al.

„Op dit moment koester ik weinig andere hoop dan dat ik nog een paar rustige weken voor de boeg heb. Gewoon, hier zijn met Paulien, praten met de kinderen, een beetje door het huis scharrelen, rustig afscheid nemen van familie en vrienden. Ik hoop dat ik nog een paar wedstrijden van het Europees kampioenschap voetbal kan zien, de Olympische Spelen zal ik waarschijnlijk niet meer halen.

> ‘Wat je niet veranderen kunt, heb je maar te accepteren’

„Ik voel geen woede. Dat zit niet in mijn karakter. Ongeloof heb ik in het afgelopen jaar wel ervaren – 'Wat? Heb ik dit? Dat kan toch niet waar zijn?' Maar woede, nee, dat heeft geen enkele zin. Wat je niet kunt veranderen, heb je maar te accepteren. Zo zit ik in elkaar.

„Aan Paulien heb ik uitgelegd hoe onze administratie in elkaar zit. Verder ben ik niet zo bezig met dingen die ik nog wil opschrijven, of grootse visies die ik nog wil nalaten of zo.

„Als ik terugkijk op mijn leven met Paulien en de kinderen, dan denk ik: we hebben 't goed gehad en goed gedaan, zo met elkaar. Veel gedeeld, veel activiteiten samen ondernomen. Tegelijk hebben we elkaar ook de ruimte gegeven een eigen leven op te bouwen, eigen interesses te volgen. De kinderen hebben zich heel goed ontwikkeld: de schooltijd hebben ze prima doorstaan, sporten, vriendschappen – het was mooi hen zo te zien opgroeien.

„Mijn ouders zijn hoogbejaard, al in de negentig. Met hen en met mijn zussen en broer is het contact de afgelopen jaren intensiever geworden. Twee jaar geleden overleed de man van mijn jongste zus, plotseling. Onze ouders hadden bovendien vaker onze zorg nodig. Opeens was er mijn ziekte. Het was zwaar, maar ook heeft het ons dichter bij elkaar gebracht.

„Zo spelen herinneringen door mijn hoofd: aan mijn eigen gezin, aan het gezin waaruit ik zelf kom.

„Mijn drie zussen en m'n broer zijn vrij snel na elkaar geboren – daarna jarenlang niks, toen kwam ik. Op oude familiefoto's zie je echt een gezin uit de jaren vijftig: vader, moeder, vier kinderen, de hond, iedereen keurig aangekleed, op zondagmiddag aan de wandel. Ik was kind in de jaren zestig, zeventig. Dat was al een hele andere tijd.

„Door het leeftijdsverschil was ik natuurlijk een nakomertje in de familie, hoewel ik aan liefde niets tekortgekomen ben. Nu ben ik, de jongste, de eerste die ertussenuit piept. Ook hierin neem ik een aparte positie in. Maar eenzaam en alleen heb ik me gelukkig niet gevoeld."

Johan Pel overleed op 6 juni 2012. Zijn vrouw Paulien: „Het einde kwam veel sneller dan wij hadden verwacht. We hebben de laatste fase intens met elkaar beleefd, waardoor we er toch ook wel naartoe groeiden en beseften hoezeer de dood een verlossing was voor Johan. Des te groter was de schok voor mensen buiten onze directe kring. Van heel veel mensen hebben we persoonlijke, mooie reacties gekregen."

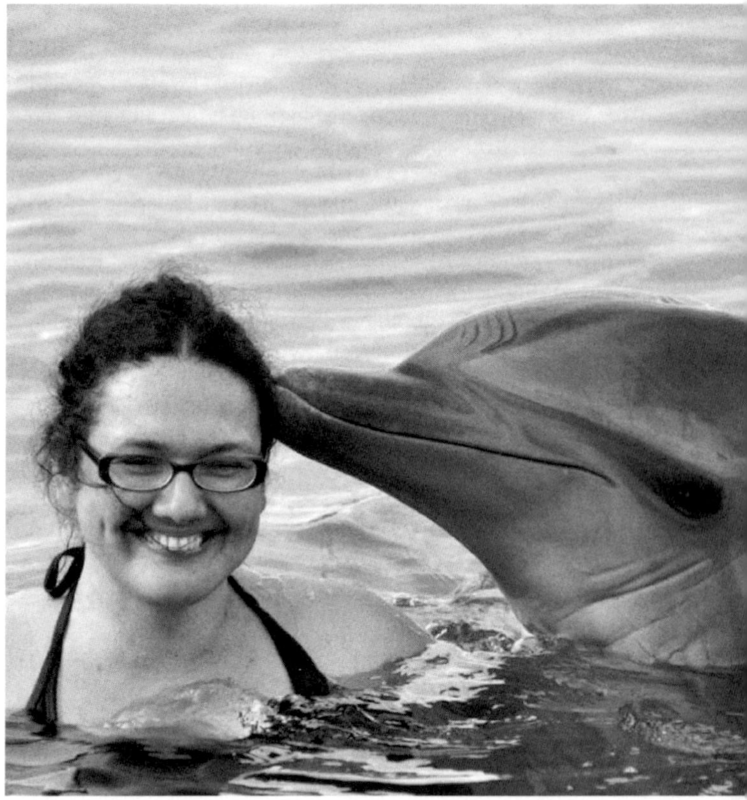

Naam: Esther de Theije-Kors (1971)

Woont: in Voorschoten, met man Evert en hun zonen Max en Okke

Is: arts, gepromoveerd op onderzoek naar erfelijkheid van migraine. Was in opleiding als klinisch geneticus

Wat voorafging: In juni 2008 bleek dat pijn in nek en rug werd veroorzaakt door schildklierkanker met uitzaaiingen in wervels en botten. Drie maanden verblijf in het ziekenhuis volgden, met operaties en bestralingen. Het jaar daarop is ze weer „overeind gekrabbeld". Hoorde in november 2009 dat haar ziekte ongeneeslijk is.

Je leeft als je nieuwe dingen leert

bucket *emmer (zlfst.nw.) to kick the – (uitdr.) doodgaan (als in:) de pijp uitgaan, het loodje leggen.*

„Sinds ruim een jaar heb ik een *bucket list*, met leuke dingen die ik in ieder geval nog wil hebben gedaan. Je kunt ook zeggen: het is een 'try before you die list'.

„Ik hoorde voor het eerst over zo'n lijst door de film *The Bucket List* met Jack Nicholson en Morgan Freeman. Twee terminale kankerpatiënten vervullen samen hun spectaculaire wensen. Ik heb de film vorig voorjaar gehuurd en samen met Evert gekeken. Vanaf dat moment is mijn lijst gegroeid en ben ik 'm gaan afwerken.

„Boven aan m'n lijstje stonden 'Eiffeltoren beklimmen' en 'naar Costa Rica'. De Eiffeltoren was een wens van de kinderen. Als we naar Frankrijk gingen, zeiden ze: 'We willen naar Parijs, boven op de Eiffeltoren.' Dan zeiden wij: 'Dat doen we de volgende keer, oké?' Maar opeens was het niet langer zeker dat er een volgende keer zou komen.

„Een reis naar Costa Rica, waar ik voor mijn onderzoek vaak ben geweest, stond ook nog niet op ons programma, met zulke jonge kinderen. Het werd een geweldige vakantie na een vreselijk jaar. 'Dit is wie wij echt zijn met z'n vieren', zei ik tegen Evert, voor m'n idee even helemaal verlost van de kanker.

„Ik ben met de lijst begonnen om de controle over mijn leven terug te krijgen. Ik wil niet alleen patiënt zijn en me voortslepen van afspraak naar afspraak in het ziekenhuis. Er moeten genoeg positieve dingen overblijven: om naar uit te kijken, om van te genieten, om op terug te kijken.

„Ik doe dit ook voor de kinderen. Ze zijn nog zo jong als ze hun moeder verliezen. Ik wil ervoor zorgen dat ze goede herinneringen aan mij hebben. Ik wil laten zien wie hun moeder is: wat ik mooi, fijn, belangrijk vind.

„Met elk van de kinderen heb ik een uitje gedaan. Okke, de jongste, is fan van de meidenband K3, dus zijn we naar een concert geweest. We mochten zelfs backstage komen. Okke heeft met Josje van K3 gepraat! – hij is er nog vol van. Met Max ben ik naar Corpus geweest, een museum over het menselijk lichaam in de buurt. En daarna sushi eten, samen met drie vriendinnen en hun kind.

> Zie je wel: ik ben niet terminaal, ik sta nog midden in het leven

„Een vriendin en ik hebben een website gemaakt waarop mijn *bucket list* staat, met foto's en verslagen. Na ongeveer een jaar staan er bijna vijftig dingen op de lijst, waarvan ik ongeveer de helft heb gedaan en de andere helft nog moet doen. Ik wil nog snorkelen met een walvishaai, naar de Efteling met de kinderen en doordringen tot het ik-rubriekje in de *NRC*. Af en toe zet ik er iets nieuws bij, zoals vorige week: naar *The Sound of Music* in de Meezingbioscoop.

„Deze herfst begon ik met celloles, samen met Max. Mijn levenshouding is: je leeft zolang je nieuwe dingen leert, stilstand is achteruitgang. Zomaar een beetje op die cello tokkelen is niet genoeg. Over niet al te lange tijd wil ik een prachtig stuk kunnen spelen. Dat gaat lukken!

„Vaak lig ik na een activiteit twee dagen in bed, maar dat is het waard. Liever zo dan dat het leven aan me voorbijgaat. Als ik weer iets wegstreep van de lijst, denk ik: dat heb ik toch maar mooi gedaan, zie je wel: ik ben niet terminaal, ik sta heus nog midden in het leven. Ik realiseer me dat dit ook bijzonder is omdat veel leeftijdsgenoten in een ratrace zijn verwikkeld: carrière maken, kinderen naar school en clubjes brengen – de tredmolen van een overvol leven, waarbij de weken voorbijvliegen. Ik denk niet dat ik ooit was gaan abseilen van de Euromast of naar het noorderlicht was gegaan wanneer ik niet ziek was geworden.

„Waarmee ik niet zeg dat mijn leven nu één groot feest is. Ik heb heus ook m'n slechte dagen. Ik voel de pijn, ik ben m'n zelfstandigheid en m'n zorgeloosheid voorgoed kwijt, ik zal m'n kinderen niet zien opgroeien, ik zal nooit meer als arts werken. Er is genoeg waarover ik regelmatig in de put zit. Maar tot nu toe is het me gelukt er steeds uit te klauteren. Tot mijn allerlaatste krachten zal ik dat blijven doen."

IK@NRC.NL

Zoenen

Als ik er straks niet meer ben, zal mijn lief andere vrouwen zoenen. Dat gun ik hem, maar het maakt me ook jaloers. Daarom heb ik 'andere man zoenen' op het lijstje gezet van dingen die ik nog wil doen.

Dat heb ik geweten! Vriendinnen bieden hun mannen belangeloos aan. Op terrasjes word ik op alle appetijtelijke heren gewezen.

Een website waar mannen zich kunnen opgeven voor het zoenevenement heb ik resoluut van de hand gewezen. Ook mijn arts bevelen ze aan als een serieuze zoenkandidaat. Daardoor kan ik de arme man bij iedere afspraak nauwelijks nog aankijken zonder bijgedachten.

Maar eigenlijk wil ik het liefst zo lang mogelijk mijn Evert zoenen. Misschien moet ik die andere man toch maar van mijn lijstje schrappen.

ESTHER DE THEIJE

Naar aanleiding van het stuk in de krant (zie vorige hoofdstuk) nam de redactie van het tv-programma *De Reünie* contact op met Esther de Theije-Kors. Ze mocht een wens van haar *bucket list* in vervulling laten gaan. Het liep anders dan gehoopt maar uiteindelijk werd het een geweldige ervaring.

Esther de Theije kwam op televisie

Ik heb m'n 40ste verjaardag gehaald

„Ik ben 40 geworden, een maand geleden. Vaak heb ik gedacht: het zal me niet gebeuren dat ik in de overlijdensstatistiek terechtkom in de categorie 35-39 jaar. Dat is gelukt. Maar het is zwaar geweest de afgelopen maanden. Zowel fysiek als mentaal heb ik gevoeld waar mijn grenzen liggen. Ik kan me nu voorstellen dat iemand zegt: 'Ik trek dit niet langer.' Dat gevoel heb ik eerder niet gehad.

„Het begon in mei met een wond op mijn rug die niet genas en steeds groter werd. In september werd duidelijk dat een operatie onvermijdelijk was. Op 5 oktober ben ik geopereerd. Veel pijn heb ik gehad, die zo overheersend was dat ik ook alle belangstelling voor mijn omgeving verloor. Nu gaat het beter. Langzaamaan kijk ik weer vooruit.

„Door de pijn en operatie heb ik een aantal plannen moeten afzeggen. 'Slapen onder de sterrenhemel' kon niet doorgaan. Ik kon niet naar een concert van de Zeeuwse band Racoon, waarvoor neven van mijn man kaarten hadden geregeld, inclusief vip-behandeling. Dat voelt zó rot – eerst naar iets toeleven en als het eenmaal zover is toch moeten zeggen: 'Het kan niet, 't zit er niet in.'

„Ook een feest met een band, voor mijn 40ste verjaardag,

hadden vriendinnen al georganiseerd. Dat gaat er nog komen, waarna ik het alsnog kan aankruisen op m'n *bucket list*.

„Afgelopen juni, in de week nadat mijn verhaal in *NRC* had gestaan, werd ik gebeld door de redactie van het tv-programma *De Reünie*. Of ik wilde meewerken aan een uitzending over een klas uit mijn schooltijd. Even dacht ik: wil ik wel voor 2 miljoen mensen de rol van ongeneeslijk zieke patiënte spelen? Maar na een week is iedereen wel weer vergeten dat ik op tv ben geweest. En er staat veel positiefs tegenover: een ontmoeting met oud-klasgenoten, de kans met zo'n uitzending ook het verhaal over dit deel van mijn leven aan mijn kinderen na te laten. En: ze boden mij de mogelijkheid iets bijzonders van mijn *bucket list* te doen.

„Hoog op mijn lijst stond 'zwemmen met de walvishaai'. Daarvoor moesten we naar Mozambique of Mexico. Dat leek ons, door de wond op mijn rug, niet zo handig. Het werd de beklimming naar de Preikestolen in Noorwegen: een rotsplateau met een spectaculair uitzicht over de Lysefjord.

> Dan voel je zó die stomme kanker in je lijf...

„Begin augustus heb ik de tocht gemaakt, samen met mijn zus Selma, presentator Rob Kamphues en een cameraploeg. Ik was behoorlijk zenuwachtig. Ik dacht: ik móét het wel halen, het komt op tv. De tocht is bijna acht kilometer heen en terug, met drie steile stukken waar je echt over de rotsblokken moet klauteren. Ik loop met krukken. Het bleek toch te zwaar voor mij. Halverwege zaten we op een bankje. Ik zag drommen mensen vrolijk naar boven klauteren, met kinderen, met honden – en daar zat ik dan. Dan voel je zó die stomme kanker in je lijf...

„Ik heb de Preikestolen niet gehaald. Maar mijn zus had gelezen dat je d'r ook overheen kunt vliegen met een helikopter. Dat hebben we de volgende dag gedaan. Vanuit de lucht was het uitzicht over de fjord natuurlijk helemaal spectaculair. Uiteindelijk werd het een geweldige ervaring.

„Helaas heb ik de opnamen met mijn klasgenoten voor *De Reünie* moeten missen. Die waren vlak voor de operatie en uitstel was onmogelijk. Dat wilde ik door de pijn ook niet en ik wilde op mijn verjaardag, een week later, thuis zijn.

„De opnamen zijn zonder mij doorgegaan. Er zijn drie hoofdpersonen in zo'n programma, het gaat niet alleen om mij. En het filmpje uit Noorwegen zit er gewoon in. Ik zie het zondagavond allemaal op tv. Zonder camera's gaan we de reünie nog een keer overdoen."

Ga door met leven, wees krachtig

Eén op de drie Nederlanders sterft door kanker. 'De dokters zijn zo knap tegenwoordig': door nieuwe medicijnen, betere chemokuren, verfijnde bestraling, nieuwe operatietechnieken valt met diverse vormen van kanker inmiddels beter te leven. Het lichaam gaat langer mee. Maar de geest?

Dr. Mecheline van der Linden is klinisch psycholoog, gespecialiseerd in de behandeling van mensen met kanker. Ze zegt: „Voor artsen staat de medische behandeling centraal. Logisch, dat is hun vak. Maar vanuit de patiënt gezien kan er zo veel meer hulp en zorg nodig zijn: van een psycholoog, een fysiotherapeut, een diëtist, een verpleegkundige, een maatschappelijk werker, een pastor. Niet elke patiënt wordt even goed naar een van hen doorverwezen."

Zien artsen onvoldoende dat kanker, behalve lichamelijke, ook mentale en sociale gevolgen kan hebben?
„De nieuwe generatie artsen heeft hiervoor bij de opleiding een betere antenne meegekregen dan oudere collega's. Maar het kan evenzogoed de patiënt zelf zijn die niet duidelijk aangeeft wat z'n problemen zijn. Ik noem hem 'de visser uit Urk': trekt z'n beste pak aan, doet zich tegenover de dokter flinker voor dan hij is, want hij wil ook die allerlaatste chemokuur nog krijgen, dus hij zwijgt over z'n depressie en z'n problemen thuis."

Zelfredzaamheid is ook wat waard.
„Zeker. Uit onderzoek weten we dat tweederde van de mensen met kanker het prima redt zonder extra hulp. Ze lossen hun problemen zelf op, in eigen kring. We weten ook dat er kwetsbare groepen zijn: alleenstaanden, jonge mensen die gezinnen met kleine kinderen hebben, mensen die geïsoleerd leven, mensen met een psychiatrisch verleden, mensen die – behalve met kanker – met nóg iets ingrijpends worden geconfronteerd, zoals een tweede ziekte, een sterfgeval van een naaste, echtscheiding."

Dr. Mecheline van der Linden werkt als oncologisch psycholoog in VU medisch centrum in Amsterdam. Tot voorjaar 2012 was zij voorzitter van de beroepsvereniging op dit vakgebied (NVPO). Zij is voorzitter van de Stichting 'Verdriet door je hoofd' voor kinderen en jongeren van ouders met kanker.

Verschillende mensen heb ik horen verzuchten: 'Kanker heb je niet alleen.'
„Ook dat is onderzocht: een derde van de partners van mensen met kanker heeft op de ene of andere manier extra hulp of steun nodig. Daarom vraag ik, wanneer ik een eerste afspraak maak: wilt u iemand meenemen die het dichtst bij u staat – uw partner, een kind, een vriend, een buurvrouw?"

Is dat gebruikelijk in uw vak?
„Dat weet ik niet precies. Wel zie en hoor ik het steeds vaker. Psychosociale problemen kunnen mensen vaak niet in hun eentje oplossen. Het effect van behandeling kan zo veel groter zijn wanneer iemand die ervaring in z'n directe omgeving kan delen."

Wat heeft u patiënten te bieden?
„Kort gezegd komt het neer op luisteren, normaliseren, troosten, bemoedigen en bevestigen."

Normaliseren?
„Tegen iemand zeggen: 'dat hoort erbij', 'het is heel normaal dat u dat als een probleem ervaart'. Mensen voelen zich vaak eenzaam, angstig, vooral wanneer ze beseffen dat het einde van hun leven in zicht is gekomen."

En wat bedoelt u met bevestigen?
„Ouders vragen vaak: 'Hoe praat ik erover met de kinderen?' Meestal doen ze dat al goed. Talloze vragen doemen op als mensen nog maar weinig tijd hebben: 'Ik wil nog zo graag dit...', 'Zal ik nog dat...?' Dan probeer ik erachter te komen waarom mensen dat willen en of dat haalbaar is. En meestal zeg ik dan: doen! Ruzies bijleggen. Mensen bellen met wie het contact verwaterd is. Probeer zo veel mogelijk door te gaan met leven, krachtig zijn – in zo'n houding probeer ik mensen te bevestigen."

Het vooruitzicht van de dood kan verlammend zijn en depressief maken. Wat helpt daartegen?
„Daarvoor valt niet één remedie te noemen. In het algemeen kun je alleen zeggen: probeer in beweging te blijven en ga bewust om met voeding. Vroeger was het advies bij een

chemokuur: doet u het vooral rustig aan. Nu zeggen we: werk aan uw conditie, om zowel lichamelijk als geestelijk op de been te blijven.

„Mensen met kanker gaan vaak op zoek in het alternatieve circuit. Dan zeg ik: laat 't niet ten koste gaan van de reguliere behandeling en doe alleen wat veilig is. Op z'n minst kan 't weerbaar maken als mensen een behandeling niet alleen ondergaan maar ook actief met hun situatie omgaan."

Wat is veilig?
„Je laten masseren door een gecertificeerde masseur, yoga, veel buiten zijn, inspiratie zoeken in spiritualiteit, in kunst wanneer je daarvoor openstaat."

Onherroepelijk komt ook die laatste fase, waarin mensen misschien nog van alles willen maar niks meer kunnen. En dan?
„Regelmatig spreek ik cliënten die zeggen: het leven heeft totaal geen zin meer, ik ga toch dood. Dan wil DHT weleens helpen: Dierbare Herinneringen Therapie, ontwikkeld in Utrecht. Ieder leven kent z'n tegenslagen en z'n mooie momenten. Mensen kunnen opbloeien wanneer ze in gedachten terugkeren naar perioden waarin ze gelukkig zijn geweest. Het einde van het leven kan dan in een ander perspectief komen te staan. Niet: het is voorbij. Maar: het is mooi geweest."

Naam: Ineke Roefs (1954-2012)

Woonde: in Helmond, met haar echtgenoot. Zij kregen drie dochters en een zoon. Begin januari 2012 werd zij opgenomen in een hospice in Helmond.

Was: geur- en bloesemtherapeut

Wat voorafging: De diagnose hersentumor werd half december 2011 gesteld. Een operatie volgde op de dag voor Kerst. Verdere behandeling was niet mogelijk.

„We hebben besproken wat er na de crematie met mijn as moet gebeuren. Mijn man wil een beetje bewaren. Ooit wil hij ook gecremeerd worden, waarna de kinderen onze as kunnen mengen en ze ons samen ergens kunnen uitstrooien. Mijn zoon en een schoonzoon willen een beetje as met pigment laten mengen, waarmee ze vervolgens een tatoeage laten zetten. Mijn dochters willen wat as in een sieraard laten verwerken.

„Bewust heb ik ervoor gekozen m'n leven niet thuis af te ronden. Ik heb een schat van een man, maar hij is nogal gesteld op z'n privacy. Het zou niks voor hem zijn: de hele tijd maar familie en vrienden en verzorgers om ons heen. Dat zou mij dan weer nerveus maken. Hier in het hospice heb ik helemaal mijn eigen plek, hier kan ik precies laten weten hoeveel drukte ik aankan en hoeveel rust ik nodig heb. Ik heb de ideale plek gevonden om naar het einde toe te leven."

Ineke Roefs overleed op 1 juli 2012. Haar familie: „In de hospice hebben we het – met steun van familie, vrienden en verpleging – voor mama nog zo aangenaam mogelijk kunnen maken. Het was moeilijk haar te zien veranderen van een sterke vrouw in een hulpbehoevende patiënt. Ook al weet je wat er komen gaat, het komt toch onverwachts. We denken nog dagelijks aan haar en voelen de leegte die ze heeft achtergelaten. In onze herinnering blijft ze wie ze was."

Naam: Janny Hamoen-Immerzeel (1954-2012)

Woonde: in Bodegraven, met haar man Theo. Zij kregen twee zonen, twee schoondochters en twee kleinkinderen.

Werkte: in de zorg voor verstandelijk gehandicapten

Wat voorafging: Borstkanker werd in 2002 geconstateerd en behandeld. In 2008 keerde de ziekte terug met uitzaaiingen op diverse plekken in haar lichaam. In december 2011 werd duidelijk dat haar ziekte de laatste fase was ingegaan.

Je ziel komt terug om te groeien

„Er zijn twee Janny's: een van voor en een van na het begin van mijn ziekte. Ik was een vrouw die zichzelf compleet wegcijferde. Ik zorgde voor mijn gezin, voor mijn ouders, voor anderen op m'n werk, maar niet voor mezelf. Ik hield niet van mezelf. Ik vond iedereen belangrijker en mooier en slimmer dan mezelf.

„Als kind had ik al het gevoel: ik zie de dingen anders dan anderen. Ik dacht regelmatig: dit heb ik al een keer eerder meegemaakt. Ik ben opgevoed met de Bijbel en de protestantse kerk. God bestierde alles, ruimte voor andere visies was er niet.

„Tien jaar geleden, na de eerste behandelingen, heb ik keihard getraind om weer conditie op te bouwen: fietsen, zwemmen, schaatsen, naar de sportschool. Daar raakte ik met iemand in gesprek over lichaam en geest, over fysieke training en spiritualiteit. Via haar kwam ik in contact met iemand die heldervoelend is.

„Zeven keer heb ik gesprekken gevoerd met deze vrouw. Dat was het begin van een spirituele zoektocht. Vervolgens ben ik zes jaar begeleid door een vrouw bij wie ik meditatietrainingen heb gedaan, en tai chi, workshops heb gevolgd over chakra's. Ik heb een zielengroep gevonden van vrouwen die elkaar bijstaan in hun zoektocht. Ik ben gaan lezen, eindeloos veel heb ik gelezen.

„Ik geloof in reïncarnatie. Je ziel, je kern komt telkens in een ander lichaam terug om te kunnen groeien. Problemen komen op je pad om jezelf te helen van dingen die je in een vorig leven hebt meegemaakt.

„Elke ziel op aarde heeft al honderden, misschien wel duizenden lichamen gehad. Ik heb waargenomen hoe ik leefde in de Middeleeuwen. Mijn ziel heeft ooit gehuisd in een lichaam dat zelfmoord heeft gepleegd.

„Wat ik nu zeg, is het resultaat van tien jaar bezig zijn met spiritualiteit. Dit soort inzichten krijg je niet van de ene op de andere dag. Ik heb een weg afgelegd die enerzijds prachtig maar anderzijds ook zwaar is geweest. Je moet de confrontatie met jezelf durven aangaan. Met vallen en opstaan groei je toe naar visies die je eerder niet onder ogen durfde zien. Het is alsof je een ui afpelt: elke schil die je verwijdert, brengt je dichter bij je kern – een vorm van loslaten die vreselijk pijn kan doen.

> Wat ben ik toch hardleers, wat is toch de les die ik te leren heb?

„Ook voor mijn omgeving is mijn zoektocht niet makkelijk geweest. Mijn man wilde er de eerste jaren niks van weten. Gezweef en geklets vond hij het, hij kon er helemaal niks mee. Dat heeft ons huwelijk onder spanning gezet. Hij was getrouwd met de eeuwig zorgende Janny. Nu kreeg hij een pittig wijf dat opkwam voor haar eigen leven en opvattingen. Gaandeweg ging hij inzien dat deze manier van omgaan met mijn ziekte me zo veel kracht en liefde geeft. Onze band is heel hecht nu.

„Ik ben aan het einde van mijn zoektocht gekomen. De afgelopen jaren ben ik zo vreselijk ziek geweest: zo veel pijn, zo misselijk, zo moe. Ik heb gedacht: wat ben ik toch hardleers, wat zit er in mijn ziel dat-ie zo moet lijden om te kunnen groeien, wat is toch de les die ik te leren heb?

„Sinds december weet ik het. Het inzicht kwam door een telefoongesprek met een vriendin in België. Ze zat met een ingewikkeld probleem. Ik heb naar haar geluisterd en vervolgens gezegd hoe ik haar probleem zag. Ze zei: dankjewel, je hebt me geweldig geholpen, ik kan weer verder nu. Dat maakte mij zo intens gelukkig. Toen wist ik: dat is mijn passie, daarin schuilt mijn ziel. Niet de Janny die zorgt en reddert, maar de Janny die steun en liefde geeft – dat ben ik! Ik ben hier om een voorbeeld te zijn voor andere vrouwen die het nóg veel moeilijker hebben dan ik het ooit heb gehad.

„Bij een van de trainingen moest ik een kaartje trekken, uit een stapel vragen waarover ik een tijdlang moest nadenken. Ik trok het kaartje: 'Wie is je grote voorbeeld?' Ik weet het nu: het is Jezus. Nee, niet de goddelijke Jezus, maar de mens – de man die woedend de rotzooi bij de huichelende farizeeërs van tafel veegde, maar die ook een boodschap bracht van liefde en geweldloosheid in een wereld van onderdrukking, en die ons in zijn lijden voorleefde.

„Zijn laatste woorden waren: het is volbracht. Dat zeg ik ook. Eén schil moet ik nog afleggen: ik moet mijn man loslaten, mijn kinderen, ik zal mijn kleinkinderen niet zien opgroeien. Dat doet pijn, verschrikkelijk pijn. Met die pijn te moeten leven, zie ik als mijn laatste opdracht hier op aarde."

Haar man Theo Hamoen: „Janny liet dit leven los op 28 augustus 2012. Zij mocht haar levensvisie in haar laatse levensfase vertellen aan verpleegkundigen in de palliatieve zorg, waarvan een dvd is gemaakt die tijdens cursussen voor andere verpleegkundigen wordt gebruikt. Wat was ze daar dankbaar voor en trots op! Haar laatste schil heeft ze heel bewust afgepeld door haar arts te vragen dit leven te mogen afronden. Als echtgenoot begrijp ik die keuze, sta er volledig achter en heb er vrede mee. Het enorme gemis is er niet minder om."

Naam: Thea Koek (1952-2012)

Woonde: in Leiden, alleen. Zij kreeg twee dochters en twee kleinkinderen

Werkte: in de psychosociale hulpverlening (w.o. verslavingszorg)

Wat voorafging: Eind 2008 werd de diagnose darmkanker gesteld. In december 2011 kreeg zij te horen dat zij nog circa drie maanden te leven zou hebben.

Ik zeg veel liever: straks ga ik over

„Sinds anderhalve week ben ik klaar met de voorbereiding van mijn uitvaart. Ik ben er misschien wel een jaar mee bezig geweest.

„Overal rondom mijn stoel lagen boeken en mappen met aantekeningen en knipsels. De kist, mijn kleding straks in de kist, mijn make-up, de urn, het kerkje, de muziek, de adressenlijst – over alles heb ik nagedacht en een beslissing genomen.

„Er komt een zanger optreden. Een vriendin deed me een suggestie voor een lied en die zanger. Ik vroeg: kan hij langskomen om kennis te maken? Het zou natuurlijk fijn zijn als het een beetje klikt met de persoon die straks naast mijn kist staat te zingen. Een avond lang hebben we heel fijn zitten praten. Hij heeft het lied ook voor me gezongen, hier in de kamer.

„Ik hoop dat het een waardig afscheid wordt: niet te lang, niet te zwaar – er mag ook wel gelachen worden. En niet alleen koffie met slappe cake, er moet ook een glaasje en een lekker hapje zijn.

„Er is maar één ding dat ik moeilijk vind aan de dood: mijn kinderen en kleinkinderen loslaten. Dat komt doordat ik zo veel van ze hou. Voor mezelf ben ik ervan overtuigd dat mij iets prachtigs te wachten staat. Totale rust. Geen pijn, nooit meer ziek. Het weerzien met mijn ouders. De mooiste muziek, schitterende kleuren.

„De afgelopen tien à vijftien jaar heb ik een spirituele zoektocht gemaakt die mij veel rust en steun heeft gegeven. Het is een weg die ik min of meer alleen heb afgelegd, omdat ik er niet makkelijk met anderen over praat. Het wordt al snel een beetje vaag en raar als je woorden probeert te vinden voor 'andere dimensies' en zingeving enzo.

„Door mijn ziekte heb ik drie jaar geleden contact gekregen met Eveline, een psycho-oncologisch therapeut. Zij heeft me enorm geholpen, met gesprekken, met boeken die ze mij heeft aangeraden. Met mijn kinderen, met vriendinnen praat ik niet zo veel over spiritualiteit. Ze staan er minder voor open, wat ik goed kan begrijpen. Eigenlijk ben ik zelf ook een heel nuchter mens. Dat is een van de tegenstrijdigheden die in mijn karakter zitten.

> Het hiernamaals staat voor mij niet apart van het aardse bestaan

„Ik zie het leven niet als eindig. Ik zeg liever niet: ik ga dood, ik zeg: straks ga ik over. Ik betreed dan een andere werkelijkheid. Van huis uit ben ik katholiek opgevoed. Ik hou van de rituelen die bij het geloof horen, maar de wereld van alleen maar de Bijbel heb ik losgelaten. Het hiernamaals, of hoe je het noemen wilt, staat voor mij niet apart van het aardse bestaan. Beide zijn met elkaar vervlochten. Overledenen, engelen zijn onder ons, alleen: als mens kunnen wij hen niet altijd waarnemen, hooguit kunnen we hun aanwezigheid voelen, of hun signalen opvangen. Mijn moeder scharrelt hier rond in mijn huis, dat voel ik. Laatst riep ze: 'Thea, het eten is klaar, kom je?' Dat was de eerste keer in twintig jaar dat ik haar stem hoorde.

„Ik heb veel gelezen in het boek *Een cursus in wonderen* van Helen Schucman, een vuistdikke pil die wel het 'Derde Testament' wordt genoemd. Marianne Williamson heeft een schitterende inleiding op dit boek geschreven, *Terugkeer naar liefde*. Alles draait om liefde – dat is voor mij de kern van geloven.

„Ik heb me de afgelopen jaren in boeddhisme verdiept. Viermaal ben ik op zondag in Katwijk in de soefitempel geweest. Schitterende teksten heb ik daar gehoord. Het mooie van soefisme vind ik dat het z'n inspiratie uit alle religies haalt en steeds op zoek is naar liefde en schoonheid. Dat is wat ik de afgelopen jaren ook heb gedaan: alles onderzoeken, steun zoeken, inspiratie zoeken.

„Dit zoeken heeft me veel opgeleverd. Het heeft me in staat gesteld positief te blijven, niet cynisch te worden, hoe zwaar mijn ziekte de afgelopen jaren ook is geweest. Ik heb moeilijk keuzes kunnen maken. Ik heb ervoor gekozen de kwaliteit van mijn leven belangrijker te vinden dan dat ik tot het uiterste was gegaan met chemokuren, waarmee ik doodziek was geweest om misschien ietsje langer te kunnen leven.

„Mijn lichaam is aangetast, maar geestelijk ben ik gegroeid. Dat is voor mij de balans van de afgelopen jaren."

Thea Koek overleed op 12 mei 2012. Haar dochter Marjon: „Mam was heel dankbaar voor alle tijd die ze heeft gehad. Ze heeft hiervan, ondanks al haar pijn en verdriet, volop genoten – dat kon ze altijd heel goed. Ik heb veel bewondering voor de grote moed die ze heeft gehad in haar laatste jaren en maanden. Zo had ze haar afscheid – of, zoals ze zelf weleens zei, 'haar laatste feestje' – tot in detail uitgewerkt. Ze vond het ontzettend moeilijk haar leven en haar kinderen los te laten. Maar toen ze in de laatste maanden en weken steeds zieker werd en haar leven steeds ondraaglijker werd, keek ze toch ook wel uit naar haar dood en het leven erna. We missen haar nog ieder moment van iedere dag, maar we gunnen haar haar rust."

De dood mag een mysterie zijn

Ineke Koedam is opgeleid voor personeelswerk, of, modern gezegd, 'humanresourcesmanagement'. Een „verlangen naar dienstbaarheid" bracht omstreeks het jaar 2000 een wending in haar leven. Zij begon een praktijk voor stervenden en hun naasten en ging aan de slag als vrijwilliger in een hospice.

Ze zegt: „Ik zie de dood niet als een moment. Het is voor mij geen kwestie van: je bent dood als je hart niet meer klopt en je hersenen geen zuurstof meer krijgen. De dood komt in een proces dat langere tijd kan duren en waarin mensen zeer uiteenlopende ervaringen kunnen hebben."

Het licht is aan, het licht is uit: zo niet dus?
(lacht) „Misschien is het wel andersom: het licht is uit, het licht is aan – wie zal het zeggen? Er zijn talloze voorbeelden van sterfbedverschijnselen die niet rationeel te verklaren zijn en die we ook niet als fantasie mogen afdoen.
De Britse neuropsychiater Peter Fenwick heeft hierover een fascinerend boek geschreven, *The Art of Dying*, waarin hij honderden bijzondere ervaringen van stervenden heeft geanalyseerd.
In een vervolgonderzoek heb ik voor Fenwick tientallen medewerkers van drie hospices in Nederland geïnterviewd. Over hun ervaringen schrijf ik nu een boek."

Zoals in het boek *Eindeloos bewustzijn*, waarin cardioloog Van Lommel ervaringen beschrijft van mensen die zijn gereanimeerd?
„Ja, daarin komen dergelijke waarnemingen ook voor."

Zijn boek is niet onomstreden.
„Er zijn extreme reacties geweest. Sommigen concluderen: er is leven na de dood. Anderen roepen: wat een zweverige onzin. Voor mij ontnemen dergelijke reacties het zicht op de essentie van deze ervaringen."

Ineke Koedam heeft een praktijk in Rotterdam, Weerschijn, waarin ze mensen begeleidt bij sterven, afscheid nemen en rouwen. Ze werkte vijf jaar in een hospice, eerst als vrijwilliger, daarna als coördinator. Ze heeft enkele jaren gestudeerd aan de Universiteit voor Humanistiek in Utrecht.

Op welke ervaringen doelt u?
„Stervenden kunnen intense dromen en visioenen hebben waarin ze door dierbare overledenen worden opgehaald. Ze maken opmerkelijke 'toevalligheden' mee. Ze verlangen naar verzoening. Ze hebben momenten met scherpe inzichten. Ze wachten op de komst of het vertrek van familieleden. Ze vertellen dat ze schitterend licht hebben waargenomen en gevoelens van intense liefde hebben ervaren. Dieren kunnen plotseling opmerkelijk gedrag vertonen."

Dieren?
„Ja, er zijn prachtige voorbeelden van reacties van huisdieren bij het sterfbed. Een man was met zijn twee honden naar een hospice gekomen. Dagenlang lagen de honden bij zijn bed. Op een goed moment staan ze op. De ene hond begint aan de hand van de man te likken, de andere begint zachtjes te janken. Op dat moment overlijdt de man. Voor nabestaanden is dat een buitengewoon tedere en troostende ervaring. Dieren zijn op een andere manier sensitief dan mensen. Het is bekend dat vluchtgedrag van dieren kan duiden op een dreigende aardbeving of tsunami. Zij voelen zoiets eerder aankomen dan mensen."

Dieren hebben een betere antenne voor stervenden dan mensen?
„Zo algemeen zou ik dat niet willen zeggen. Maar als we ons meer openstellen voor ervaringen als deze zouden we een diepere betekenis voor iemands sterven kunnen vinden."

En die diepere betekenis is...
„... dat ervaringen en waarnemingen op het sterfbed zo veel steun en troost kunnen bieden bij sterven en rouwverwerking. Het gaat erom dat we deze verschijnselen sneller en beter leren herkennen, net zoals plotselinge veranderingen in gedrag en taalgebruik. We kunnen dan beter reageren op behoeften van stervenden en hun naderbij zijn in het uur van de dood."

De omgang van levenden met bijna-doden laat nu te wensen over?
„Door de medische vooruitgang leven mensen langer. Ook doodgaan is gemedicaliseerd geraakt, waardoor een kloof is

ontstaan tussen het alledaagse leven en de dood. De meeste mensen sterven in een ziekenhuis of instelling. Steeds minder mensen maken van dichtbij het hele stervensproces van iemand mee.

„Het gevolg van deze ontwikkeling is: angst voor de dood en zelfs afgrijzen bij de gedachte een dood lichaam te zien. Deze collectieve angst maakt dat we onvoorbereid zijn wanneer iemand uit onze omgeving ongeneeslijk ziek wordt en gaat sterven. Hoe kunnen wij dan steun geven, wanneer we door angst en afkeer geblokkeerd zijn, wanneer ziekte, ouderdom en doodgaan niet meer passen in onze succesvolle en maakbare levens, als we onwetend en onvoorbereid zijn en niet in staat zijn met kwetsbaarheid om te gaan?"

Denkt u weleens na over uw eigen dood? En zo ja, wat denkt u dan?

„Daarvan heb ik me door de jaren heen heel wat beelden gevormd. Inmiddels doe ik dat niet meer. Ik wil me niet hechten aan concrete gedachten of concepten, omdat die mij de ruimte ontnemen om een ontwikkeling door te maken in mijn bewustzijn. De dood mag voor mij een mysterie zijn, ik verblijf graag in het 'niet-weten' om straks in alle openheid de realiteit van het sterven te ondergaan."

Naam: Toos Keuvelaar (1942-2011)

Woonde: in Sommelsdijk (ZH)

Was: gepensioneerd mede-eigenaar van een optiekzaak. Zij en haar man Jan kregen twee dochters, twee zonen, een pleegdochter en acht kleinkinderen. Zij schilderde en schreef poëzie.

Wat voorafging: Kiespijn, vlak voor Kerst 2008, bleek de voorbode te zijn van de ziekte ALS. De diagnose werd eind september 2009 gesteld. De neuroloog meldde: nog een jaar tot anderhalf jaar te leven.

Er is genoeg te genieten overgebleven

Woorden om te praten over sterven – ze liggen niet voor het oprapen. Nog moeilijker is: het spraakvermogen helemaal verliezen, doordat motorische zenuwcellen afsterven. Lichaamsfuncties vallen uit. Voeten, benen, armen, handen, nek, gezicht, mond, tong: het hele lichaam raakt uiteindelijk verlamd.

Een gesprek met Toos Keuvelaar kan geen gesprek zijn in hele zinnen, met onderwerp, persoonsvorm en gezegde, over verwarrende gevoelens en diepere gedachten. Ze ligt op bed, thuis, in een lichte huiskamer vol dierbare foto's. Via minimale bewegingen van haar hoofd bedient ze een cursor op een beeldscherm, letter voor letter, waaruit woorden ontstaan.

De tekst die hier volgt, is gegroeid uit drie bronnen: de losse woorden van Toos, aanvullingen van haar dochter Joke en een boekje dat zij vorig jaar samen maakten over de ziekte ALS, waarin gedichten van Toos over haar ziekte zijn opgenomen.

„Verlamd zijn is mijn grootste verdriet. Het is vreselijk niet te kunnen praten. Ik kan niet meer actief deelnemen aan gesprekken. Heel langzaam en alleen achteraf kan ik reageren op iets wat is gezegd. Vaak wordt dat dan niet begrepen. Het gesprek gaat alweer over hele andere onderwerpen.

De telefoon gaat over
zevenmaal
met Toos met Toos
de woorden liggen
voor in de mond
vervorming
het komt er niet uit
geen geluid

„Ik leef in een cocon. Mijn lichaam laat me in de steek. Mijn zwager Joop is in 2007 aan precies dezelfde ziekte overleden. Ik wist dus wat me te wachten stond toen ik ruim anderhalf jaar geleden dit vonnis kreeg. Vanaf het begin heb ik geprobeerd me te richten op alles wat ik nog wel kon. Ik dacht: ik moet gewoon kunnen accepteren dat ik steeds minder kan. Met elkaar hebben we standgehouden, maar het is ontzettend moeilijk totaal afhankelijk van hulp te zijn.

> Het is heel erg niet meer te kunnen praten

De rolstoelen rollen nu naar binnen
(...) Zet alles maar in de garage,
dan heeft iedereen zijn zin,
maar ik wil en ga er niet in.
Wat een bagage

„Anderhalf jaar geleden begon de fase waarin ik volledig hulpbehoevend werd. Ik ben zo blij dat ik thuis kan zijn, dankzij Jan en de kinderen. De dames van de thuiszorg, die viermaal per dag komen, doen ook fantastisch werk.

„Samen beleven we ook veel mooie momenten. De kinderen en mijn schoonzus komen allemaal op een vaste middag in de week. Dan gaat Jan op stap; de rest van de tijd is hij bij mij. De ene zoon speelt gitaar voor me. Met de andere zoon ben ik er eindeloos in de rolstoel op uit getrokken. De dochters draaien oude elpees, waarnaar we samen luisteren. Muziek is heel belangrijk voor mij. We kijken naar films. Ook schrijven we samen brieven en gedichten. Het samenstellen van een boekje over ALS is voor mij heel waardevol geweest. De kleinkinderen spelen om me heen. Ik maak nu gedichtjes over hen. Een dochter en een zoon zijn getrouwd, wat onvergetelijke dagen waren. Eind april hebben we een feest gegeven in een strandtent.

„Er is veel liefde en humor in dit huis. De sfeer is hier licht, mensen lopen makkelijk in en uit. Daardoor is er gelukkig genoeg te genieten overgebleven.

„Ik heb, ondanks ons drukke leven en grote gezin, altijd geprobeerd ook voor een deel m'n eigen leven en zelfstandigheid te behouden. Afhankelijk zijn van anderen zit niet in mijn karakter. Er zijn dus ook spanningen geweest bij alles wat ik moest nalaten en loslaten in de afgelopen tijd.

„Met elkaar hebben we een schitterend leven gehad. Des te moeilijker vind ik het om dit leven los te laten. Maar ik vind troost in de gedachte dat ik naar het Licht ga. Ik zie voor me dat de aartsengel Gabriël mij straks zal begroeten. God is Licht voor mij – ja, het woord licht omvat alles waarin ik geloof.

Wij zijn een deel van een
straling op aarde
of we nu sterven of leven
wij blijven in die glans"

Toos Keuvelaar overleed op 1 juli 2011. Haar man Jan: „Heel sterk is ons het vrolijke en blijde karakter van Toos bijgebleven. Tot het laatst was ze geïnteresseerd in alles en iedereen, ondanks de totale verlamming door ALS Zij heeft ons heel veel meegegeven en geholpen het verlies te accepteren, juist omdat zij haar verlies met een glimlach aanvaardde. Ze bleef trouw aan zichzelf, haar omgeving en haar vaste overtuiging: 'Ik ga naar het Licht.'"

Madeliefje in het winters gras
mij is nooit verteld
dat je schoonheid licht en kracht
verborgen hield in je stralende bloemenpracht
Toos

Naam: Jan Hessels Mulder (1939-2011)

Woonde: in Doesburg (Gld.) met zijn vrouw Rieny. Zij trouwden in 2002.

Was: predikant in de Protestantse Kerk in Nederland (PKN). Was leraar Nederlands en godsdienst en voltooide na zijn 50ste een studie theologie in Amsterdam.

Wat voorafging: Zijn ziekte begon in 2007 met leverkanker en daarna lymfeklierkanker. Tweeënhalf jaar later „leek het einde nabij", maar er brak een periode van redelijk welzijn aan. Op 1 mei 2011 schreef hij de kerken waarin hij voorging en besturen waarin hij zitting had (o.a. de plaatselijke afdeling van GroenLinks) dat hij zich terugtrok uit het actieve leven.

Ik ben bereid, zeg ik, zoals Jezus sprak

„Anderhalf jaar geleden besloot ik op te houden met behandelingen in ziekenhuizen en chemokuren. Ik had er schoon genoeg van. Ik ben naar een arts gegaan die werkt met natuurlijke medicijnen – een kruidendokter noem ik hem. Daarna heb ik me tot afgelopen december nog behoorlijk goed gevoeld. Inmiddels kom ik nauwelijks nog buiten. Ik ben te verzwakt.

„Ik probeer me zo rustig mogelijk te houden. Bewust ademhalen. Geen bijzondere inspanningen. Lezen. Luisteren naar muziek. Goede gesprekken met mijn vrouw en familie. Ik heb het gevoel dat ik het daardoor langer heb volgehouden dan we voor mogelijk hielden.

„Ik heb verdriet dat ik mijn vrouw, de kinderen en kleinkinderen en onze familie moet achterlaten. Maar bang voor de dood ben ik niet. Ik leef in het vertrouwen dat ik onderdeel ben van Gods schepping en tot Hem terugkeer.

„Daarbij zie ik niet zozeer voor me dat ik straks allemaal juichende mensen rondom Zijn troon zie staan. Ik kan me geen voorstelling maken van wat er wel zal zijn. Zoals ik niet weet waar ik vandaan kom, kan ik ook niet weten waarheen ik ga.

„Voor mij heeft psalm 121 bijzondere betekenis. Er staat, tenminste in de Hebreeuwse grondtekst, dat God de mens bij gevaar zal behoeden, waar hij ook 'uit of in mocht gaan'. Een psalmberijmer heeft dat omgekeerd, waarschijnlijk omdat hij dacht dat deze tekst betrekking heeft op het leven. Zo bezien is het dan logisch dat je het aardse bestaan eerst ingaat en dan pas uitgaat. Maar het heeft betrekking op Gods Hemelse Rijk, waaruit alle aardse leven voortkomt en weer terugkeert.

„Een hel bestaat niet in mijn ogen. Ik vind het echt vreselijk dat in deze wereld over hel en verdoemenis wordt gepredikt. Godsdienst is niet bedoeld om het leven van mensen te vergallen. Het idee! God zou mensen, nota bene z'n eigen schepselen, eerst op de wereld zetten om zijn eigen werk vervolgens als mislukt te laten branden in de hel? Een perverse God zou dat zijn. Dit staat volstrekt haaks op mijn godsbeeld.

'Godsdienst is niet bedoeld om het leven van mensen te vergallen'

„In onze trouwdienst stond een tekst uit Genesis 22 centraal, over Abraham die de berg opging om zijn zoon Isaak te offeren. Er staat: 'Zo gingen die beiden tezamen.' Wie alleen naar deze ene zin kijkt, denkt al snel: wat is dat voor een vreselijke God, die een vader vraagt zijn eigen zoon te offeren? Maar eerder in de tekst staat: 'Abraham zei tot zijn knechten: blijven jullie hier bij de ezel, wij keren samen terug.'

„Voor ons leert dat: heb vertrouwen in God, in goede en in slechte tijden. Dankzij Gods eeuwige liefde blijf je voor altijd met Hem en elkaar verbonden en zal je ook de zwaarste lasten kunnen dragen.

„Vanuit dat vertrouwen en die liefde treed ik de dood tegemoet. Bij de ziekte die ik heb, zal ik waarschijnlijk in coma raken, langzaam wegglijden en terugkeren naar waar ik vandaan kom. 'Ik ben bereid', zeg ik, zoals Jezus aan het kruis sprak.

„Voor mijn uitvaartdienst hebben we twee liederen gekozen. Het ene is een lofzang op de schepping. Ik ben dankbaar dat ik daarvan deel uitmaak. Maar voor mijn vrouw zal een zware tijd aanbreken. Zij heeft al een keer haar man verloren door kanker en gaat dit nu opnieuw meemaken. Dat zal veel kracht van haar vergen. Vandaar dat we ook een tekst hebben gekozen die om steun vraagt."

Echtgenote Rieny Hessels Mulder-Hemstede mengt zich af en toe in het gesprek. Hier vult zij aan: „Eerst had hij muziek uitgekozen die alleen betrekking had op blijdschap over de Heer en de schepping. Ik zei: 'Ik denk dat ik dit niet aankan, Jan. Ik zou in de dienst ook een plaats willen geven aan het kyrie eleison: ontferm u, Heer.' Zo zijn we uitgekomen bij psalm 57: 'In de schaduw van Uw vleugels zal ik schuilen, tot het doodsgevaar is geweken.'"

Jan Hessels Mulder overleed op 24 juni 2011. Rieny Hessels Mulder-Hemstede, zijn vrouw: „Jan heeft tot het einde toe geleefd zoals hij dat gewoon was. De laatste dag bleef hij in bed, want hij was zo moe. Ik was bij hem. Hij vroeg om z'n agenda, telde de dagen tot z'n verjaardag en zei: 'Ik heb een besluit genomen, ik ga vandaag naar God, dat vind je toch niet erg, Rien?' Kort daarna strekte hij zijn handen omhoog: God riep hem. Jan hoorde zijn schepper en ging naar hem toe. Ik leef nu in grote leegte en gemis, maar soms voel ik de vleugels van de Liefde die mij dragen door de dagen."

Ik zoek ruimte in iemands godsbeeld

Wie sterft, kan steun en troost vinden bij een liefdevolle God. Evenzogoed kan Hij een totaal andere gedaante aannemen: die van wrekende God, die straft met eeuwig branden in de hel. Bij stervenden kan dit dan een ware doodsstrijd opwekken.

Ds. Marcel Wielhouwer is opgegroeid in een gereformeerde traditie die rechtzinniger is dan die van de protestantse eenheidskerk PKN maar minder orthodox dan van Gereformeerde Gemeenten die vooral te vinden zijn op de Nederlandse *Biblebelt*. Zijn werkgebied, de zuidelijke rand van de Veluwe, is onderdeel hiervan. Wielhouwer heeft aan het sterfbed gezeten van mensen die van diepe angst voor de dood vervuld zijn. Hij zegt: „De kernvraag is: wat is iemands godsbeeld? Wie God als almachtige Rechter ziet, kan zijn oordeel vrezen."

God straft toch niet z'n trouwste dienaren?

„Dat zou een redenering kunnen zijn. Maar het helpt niet om dat te zeggen tegen iemand die diepe angst voelt voor het oordeel Gods. De vraag van deze mensen is: 'Zal ik vrijspraak krijgen? God zal elk woord wegen dat ik ooit op aarde heb gesproken – elke daad, elke gedachte telt mee. Heb ik genoeg gedaan om Hem te dienen?' Men torst de erfzonde van Adam en Eva met zich mee. Het is een juridisch godsbeeld, waarin iedereen per definitie schuldig is tot het tegendeel bewezen is."

God heeft, in die traditie doorgedacht, zijn enige Zoon gestuurd om aan mensen voor te leven hoe ze de erfzonde kunnen afleggen. Wie Christus' pad heeft gevolgd, hoeft toch niets te vrezen?

„Op zichzelf kan iemand dat voor zichzelf concluderen. Tegelijk zijn er christenen die er diep van overtuigd zijn dat ze zo'n oordeel niet zelf mogen vellen. Ze wachten op een teken van de Here dat Hij hen in liefde zal aannemen."

Ds. Marcel Wielhouwer werkt in Ede als geestelijk verzorger bij Opella, een christelijke zorgorganisatie. Hij is verbonden aan de Gereformeerde Kerk (vrijgemaakt) in Wageningen. Eerder werkte hij ruim twintig jaar als predikant, onder andere in Deventer en Zuidlaren.

Een teken? Nog in het 'hier en nu'?
„Ja, daarover spreekt men dan. Men wacht erop dat God zijn genade tot uitdrukking brengt. Wie dat al heeft ervaren, spreekt vaak van een bijzondere waarneming: schitterend licht, een gevoel van gelukzaligheid, een stem die bemoedigend sprak.

„In orthodoxe kring is het gebruikelijk dat vertegenwoordigers van de kerk op bezoek gaan bij stervenden om hen 'te bevragen', zoals dat heet. Men wil weten 'of het al goed is tussen God en u', of Hij zich al geopenbaard heeft."

En als het antwoord 'nee' is?
„Als zo'n teken niet is waargenomen, kan dat de doodsstrijd loodzwaar maken. Mensen kunnen pijnstillers weigeren, of palliatieve sedatie (met morfine en een zwaar slaapmiddel om buiten bewustzijn te verkeren, red.), omdat zij menen dat ze helder moeten blijven om het teken Gods niet te missen."

Hoe reageert u als een terminaal zieke man of vrouw u dit vertelt?
„Allereerst probeer ik mensen erkenning te geven voor de angst die zij ervaren. Het zou niet effectief zijn, en ook niet van respect getuigen, wanneer ik zou zeggen: ach, het zal wel loslopen, God is heus barmhartig. Mensen dragen hun godsbeeld een leven lang met zich mee, ze komen uit een milieu met vastomlijnde opvattingen en omgangsvormen. Die kunnen ze op hun sterfbed niet zomaar naast zich neerleggen."

Erkenning geven: kan dat angst wegnemen?
„Het is een vorm van bevestiging, van begrip tonen voor het feit dat mensen angstig zijn. Het kan al verlichting geven wanneer mensen erover praten, wanneer ze oorzaken voor hun angst kunnen benoemen. Ze zijn onzeker. Leven met onzekerheid is sowieso al moeilijk. Nadenken over het eeuwige leven kan dan helemaal een beproeving zijn."

Het klinkt als een vorm van *debriefing* na een traumatische ervaring. Is het voldoende om doodsangst dragelijk te maken?
„Nee, maar het kan een basis van vertrouwen geven om verder met elkaar in gesprek te gaan. Vervolgens zoek ik naar

ruimte in iemands godsbeeld: zijn daarin ook andere accenten te plaatsen, zijn visies mogelijk waaruit iemand hoop kan putten?"

Het antwoord zal 'nee' zijn wanneer iemand ervan uitgaat dat hij door z'n geboorte al schuldig is en geen goddelijk teken van het tegendeel heeft gekregen.
„Mensen halen vaak bijbelteksten aan om te illustreren waarop hun angst gebaseerd is. In Openbaringen, in de brief aan de Hebreeën: er zijn verschillende passages over een straffende God te vinden. Dan probeer ik de aandacht te richten op de genadige kant van dezelfde God. Zoals de moordenaar bij het kruis van Jezus: ook voor hem was er een toekomst na dit leven, ondanks zijn misdaad. De vraag wordt dan of iets zó erg kan zijn dat er geen vergeving van God mogelijk zou zijn."

Waarmee u zegt: de Bijbel is voor velerlei uitleg vatbaar, u moet het niet zo letterlijk nemen?
„Nee, zeker niet. Dan zou ik aan het fundament van iemands geloof komen. Het enige wat ik hoop, is dat ik mensen die in doodsangst verkeren, die letterlijk doodsbenauwd zijn, een ander inzicht kan bieden."

Bent u zelf bang voor de dood?
(denkt na) „Ik twijfel tussen twee antwoorden: 'soms' en 'niet meer'. Door dit werk maak ik ook persoonlijk een ontwikkeling door. Ik ben opgegroeid in een traditie met heldere beelden: van een hemel met een zingend engelenkoor en een hellevuur. Gaandeweg ben ik meer gaan interpreteren. De kern van christelijk geloof is voor mij dat dit leven in een groter verband, in een bredere dimensie staat. Het leven draait voor mij nu minder om 'goed of fout' en meer om 'geloven of niet geloven'."

Wie gelooft, zal voortbestaan na de dood?
To be or not to be?
„Het is voor mij een belangrijke vraag of dat het verschil maakt, inderdaad."

Naam: Elisabeth Wielenga-Puijlaert (1955-2012)

Woonde: in Teteringen (bij Breda) met haar man Rob, cardioloog. Zij kregen vier kinderen: de tweeling Douwe en Thijs, dochter Maria en zoon Andreas.

Was: opgeleid als grafisch vormgever en modeontwerper

Wat voorafging: Longkanker en hersentumoren kwamen eind 2008 aan het licht, later gevolgd door uitzaaiingen in de botten.

Ik denk heel simpel: dood is dood

„Een jaar of twintig geleden heb ik het roer in mijn leven radicaal omgegooid. Mijn man heeft een druk bestaan, ik werkte thuis als ontwerper van textieldessins, we hadden iemand in huis voor de kinderen. Op een dag hoorde ik een kind huilen en roepen: ik wil naar mama toe! De oppas zei: nee, mama werkt, die mag je niet storen. Toen dacht ik: waar ben ik mee bezig? Waar draait het écht om in het leven? Vrijwel van de ene op de andere dag ben ik gestopt met werken.

„Aan de ene kant had ik makkelijk praten. We konden het ons veroorloven dat ik geen geld meer inbracht. Aan de andere kant heb ik me ook weleens ongemakkelijk gevoeld. Want ja, opeens ben je 'huisvrouw', dat geeft voor de buitenwereld een heel andere status. Toch ben ik trouw gebleven aan mijn besluit.

„Ons huis groeide uit tot een plek voor verschillende activiteiten. Jaarlijks in het hemelvaartweekend komen vrienden van mijn man en een zoon hier om te musiceren, te eten en te slapen. Mijn man speelt altviool, onze zoon contrabas. De kinderen noemen ons huis een plek waar altijd alles kon. Repetitieweekenden voor muziek, toneel, cabaret, bestuurswerk, zelfs ontgroeningsweekenden zijn hier geweest. De laatste jaren heb ik als vrijwilliger gewerkt aan projecten voor kinderen van gevangenen en ex-gedetineerden.

„Mijn vader vond het in het begin niks, een dochter met haar vwo-diploma en creatieve opleidingen die haar talenten niet benutte. Op een dag zag hij me in de tuin werken. Tuinieren geeft me altijd een enorme flow. Toen begreep hij dat ik de juiste keuze had gemaakt. Hij zei: 'Il faut cultiver notre jardin', we moeten onze tuin bewerken, een citaat van Voltaire uit *Candide, ou l'optimisme*. Dat boekje heb ik toen gelezen. Candide maakt een ontdekkingstocht door de wereld om te onderzoeken of onze aarde de beste plek is van alle werelden. Overal waar hij komt, treft hij ellende aan. Aan het einde van zijn reis ontmoet hij een keuterboertje dat hem de sleutel tot de wijsheid geeft: als je je wilt inzetten voor een betere wereld moet je zorgen dat je je eigen wereld op orde hebt.

Het is goed zoals het is, ik hoef helemaal niks meer te bewijzen

„Toen tweeënhalf jaar geleden bleek dat ik kanker heb, was ik zó blij dat onze tuin op orde is, bij wijze van spreken dus. Ons familieleven heeft een stevige basis en ik dacht: het is goed zoals het is, vanuit deze positie wil ik zo normaal mogelijk verder leven en verder hoef ik niks meer te bewijzen. Ja, één reis naar Tanzania, met alle kinderen en aanhang, hebben we nog gemaakt. Voor de rest voel ik geen enkele behoefte opeens allerlei spannende dingen te doen. Wel ben ik weer gaan schilderen, wat ik in mijn studietijd intensief had gedaan en daarna had verwaarloosd.

„Het laatste wat ik nog wilde regelen in m'n leven is een veilige plek vinden voor onze jongste zoon. Hij is verstandelijk beperkt door een leven van epileptische aanvallen. Hij is net 21 jaar geworden en hij woonde thuis. Sinds kort heeft hij zijn eigen appartementje in een complex voor begeleid wonen, van waaruit hij overdag in een restaurant werkt.

„Over de dood denk ik heel eenvoudig. Dood is dood. Het leven is eindig, van alle planten, dieren en mensen, dus ook het mijne. Je lichaam houdt 'r gewoon mee op – klaar. Ik zal er niks van merken als ik straks dood ben. De gedachte dat ik m'n dierbaren moet loslaten – ja, dat vooruitzicht is vreselijk natuurlijk. Ik voel me echt schuldig tegenover hen. Ik heb gerookt vanaf mijn vijftiende. Ik besef heel goed waar die longkanker vandaan komt. Talloze keren ben ik gestopt met roken, maar de verleiding was te groot. Ik heb het risico willens en wetens genomen.

„Momenten van bezorgdheid over het verloop van m'n ziekte en van verdriet ken ik wel, maar ik vind dat geen onderwerp om met veel mensen te delen. Ik ben niet zo'n klager. Bovendien heb ik deze ellende over mezelf afgeroepen, dus moet ik nu niet zeuren.

„Het laatste deel van m'n leven wil ik niet door ziekte laten beheersen en zo gewoon mogelijk doorleven. Afgelopen najaar heb ik nog een paar bomen gekocht. Toen ik ze pootte, wist ik dat ik ze niet meer groot zie worden. Maar wel heb ik gezien hoe ze uitliepen in het voorjaar – en dat had ik niet willen missen."

Elisabeth Wielenga overleed op 20 september 2012. Haar dochter Maria: „Nadat het artikel van Elisabeth in de krant was verschenen, heeft zij nog ruim een jaar mogen leven, met een acceptabele kwaliteit van leven. Vanaf juni 2012 verslechterde haar conditie. Ze overleed te midden van haar gezin. In haar laatste week hebben we zo gewoon mogelijk doorgeleefd, zoals zij wilde: met z'n allen thuis, tv-series kijken, borrelen, puzzelen en spelletjes spelen."

Naam: Ilse Sprenger (1966-2012)

Woonde: in Roosendaal (N-B). Woonde sinds 2007 samen met haar partner Harry.

Was: mbo-docent dierverzorging, totdat zij vanaf 2004 niet meer kon werken

Wat voorafging: De ziekte van Hodgkin (lymfeklierkanker) werd in 1990 bestreden met zware bestralingen en chemokuren. Ernstig hartfalen was hiervan het gevolg, waardoor in 2004 en in 2007 een openhartoperatie noodzakelijk was.

Ik heb gewoon vette pech gehad

„Al meer dan twintig jaar weet ik dat ik niet oud word. In de tijd van de behandelingen tegen hodgkin zei een bestralingsarts tegen me: die kanker rammen we d'r wel uit, maar we doen dat met middelen die zo heftig zijn dat je daardoor later vast weer andere ellende over je heen krijgt. Jammer ja, maar ik had geen keus op dat moment – anders was ik er toen al geweest. Wel heb ik sinds die tijd steeds gezegd: ik word niet ouder dan vijftig. Goed, het is dus 44 geworden, meer zit er voor mij niet in.

„Ik doe er niet moeilijk over. Ik heb gewoon vette pech gehad. Ik heb van het leven genoten en de dood hoort daar nu eenmaal bij. Bang voor de dood ben ik totaal niet. Ik heb alles goed geregeld, hoor maar: ..."

[... Ze pakt een mapje met een euthanasieverklaring. Ze heeft er een brief bij geschreven en leest die voor. Af en toe stopt ze met voorlezen om een toelichting te geven ...]

'Euthanasieverzoek. Ik ben mij zeer bewust van het feit dat ik in mijn laatste levensfase verkeer en dat niets meer kan worden gedaan aan mijn hartfalen. Ik wil niet in een situatie komen waarbij ik pijn lijd, benauwdheden heb, ernstige dorst of andere ondraaglijkheden. (... „Ik heb in het ziekenhuis gezien hoe ze mensen eindeloos aan de praat probeerden te houden – vreselijk vond ik dat, zo onwaardig, een lijdensweg waaraan geen eind mocht komen.” ...)

‘Als er nog niet overgegaan kan worden tot euthanasie wil ik wel pijnbestrijding, bijvoorbeeld morfine. Ik wil niet dagenlang liggend op bed zwaar onder de verdovende middelen zijn, dan wil ik euthanasie. (... „Mij niet gezien: zwaar onder de dope levend opgebaard liggen.” ...)

‘Tevens wil ik geen voedingssonde en ik wil ook niet meer gereanimeerd worden. Zolang ik nog zelf rechtop kan zitten en kletsen zonder pijn en benauwdheden vind ik het prima. (... „Ik lig vaak hele dagen op bed. Onze slaapkamer is beneden, ik kijk uit op een tuintje met nootjes voor de vogels en bloemetjes. Daar kan ik enorm van genieten. Bij mijn bed staan twee stoelen. Het is net een wachtkamer. Dat zeg ik ook tegen visite: kom maar gezellig in mijn wachtkamertje. Ik heb zo geboft met zo veel lieve mensen om me heen: familie, vrienden, elke dag komt er wel iemand, onderling hebben ze een rooster gemaakt.” ...)

> ‘Als fantasie zeg ik: ik ga op reis in ruimteschip Enterprise’

‘Ik wil niet onnodig lijden. Zelf ben ik helemaal klaar met mijn lijf.’ [einde brief]

„Ik wil niet dat Harry, mijn partner, mijn familie en vrienden straks verdriet om mij hebben. We hebben het geweldig gehad samen. Onderling hebben zij ook een sterke band gekregen doordat ze met z’n allen voor mij hebben gezorgd. Dat is fijn en ik hoop dat ze gewoon samen kunnen doorgaan met hun leven. Maak ’r maar het beste van: zo heb ik zelf ook geprobeerd te leven.

„De zes planken voor m’n kist staan hier achter me al klaar. Ik heb ’m via internet besteld, hij kostte 350 euro, keurig thuisbezorgd als bouwpakket. Een begrafenisondernemer durft zomaar twee- of drieduizend euro voor zo’n kist te rekenen. Ik zei tegen Harry: ‘Zo veel geld gaan wij d’r mooi niet aan uitgeven.’

„Het draaiboek voor mijn crematie heb ik samen met mijn vader gemaakt. Wil je de muziek horen? [... Ze pakt haar smartphone ...] Hier luister, dit nummer heb ik gekozen voor Harry, mijn lief: ‘I’m Kissing You’ van Des’ree, uit de *Romeo and Juliet*-film met Leonardo DiCaprio. En dit is de titelsong uit de *Star Trek*-film, 'Where My Heart Will Take Me'. Ik ben een *Star Trek*-meisje, ik ben dol op die films. Ik ben totaal niet gelovig, maar als fantasie zeg ik altijd: ik ga op reis in het ruimteschip *Enterprise*."

[... Uit de telefoon klinkt de stem van Russell Watson: 'I'm going where my heart will take me/ I've got faith to believe/ (...) I've got strength of the soul/ (...) I can reach any star/ I've got faith, faith of the heart.' ...]

„De bijeenkomst eindigt met een toespraak die ik zelf heb geschreven. Mijn zwager zal de tekst voorlezen. Ik heb alles in mijn leven altijd onder ogen durven zien. Ik heb nergens omheen gedraaid. Dus ik dacht: laat bij mijn crematie het laatste woord maar voor mij zijn."

Ilse Sprenger overleed op 5 februari 2012. Haar partner Harry Huiskamp: „Met de dood in zicht en de kist handbeschilderd in de woonkamer bleef het me verbazen hoe positief Ilse tot het allerlaatst was: mensen bindend en ook de ruimte gevend zichzelf te zijn. Haar kracht, optimisme en gevoel voor humor zullen altijd bij ons blijven."

Naam: Ad Bouwmans (1936-2011)

Woonde: in Voorschoten. Zijn vrouw Riek overleed in december 2005. Zij kregen een zoon en een kleinzoon.

Was: elektrotechnicus, gespecialiseerd in audiovisuele apparatuur

Wat voorafging: Een defecte hartklep vormde in april 2006 het begin van een reeks gezondheidsproblemen. Nadien werden ook de ziekte van Kahler en longkanker geconstateerd.

Ik heb afstand van mezelf genomen

„Vijfenhalf jaar geleden overleed Riek, mijn vrouw, na een vreselijk ziekbed. Anderhalf jaar heb ik haar verzorgd. Ze zei in die tijd: je moet niet alleen blijven als ik er straks niet meer ben, zoek maar snel een ander.

„Een paar maanden na haar dood was ik bezig met m'n boot, toen ik opeens een stekende pijn in mijn borst voelde. Eerst denk je: spieren. Maar al snel bleek het erger te zijn: een losgeschoten hartklep. Daarna is de ene ziekte na de andere over me heen gekomen. Terwijl ik daarvoor nooit één dag had verzuimd van m'n werk.

„Aan het zoeken van een nieuwe partner ben ik de afgelopen jaren niet echt toegekomen, door al die dokterstoestanden. Het zijn treurige jaren geweest.

„Riek en ik hebben samen een prachtig leven gehad. In de zomer van 1959 kregen we verkering. Ik was in die tijd bij de marine. We maakten een wereldreis met de *Karel Doorman*, het legendarische vliegdekschip. Met een marinemaatje zat ik op een avond aan dek, ergens bij de Bermuda's, waar we keken naar springende dolfijnen – zo schitterend! Die vriend zei: dit gaan we straks allemaal thuis vertellen. Ik organiseer een feestje en dan neem jij een leuke meid mee.

„Ik had in die tijd geen verkering. Toen we terug waren, zei ik tegen een schoonzusje van die vriend: ga je mee naar een feestje van je zwager vanavond? Achterop de motorfiets is ze toen meegegaan. In diezelfde weken zijn we samen op vakantie gegaan, naar Loosdrecht, waar ik een zeilbootje heb gehuurd.

„Dat was in juli '59. Het was een prachtige zomer. Drie maanden later waren we getrouwd. Direct daarna ben ik weer voor een paar maanden met de Karel Doorman vertrokken. Ja, dat is snel gegaan toen. Maar ons huwelijk heeft ruim 46 jaar standgehouden: het is geen impuls geweest, het was echte liefde.

„De liefde voor het zeilen hebben we altijd gedeeld. Ons eerste eigen bootje kochten we in 1969, een BM. Daarna konden we steeds iets groters kopen. Op het laatst hadden we een mooi jachtje, een Jeanneau/Brin de Folie, waarmee we bij Stellendam de zee op gingen of binnendoor naar het IJsselmeer trokken.

> Dood: overweldigend idee, maar ik kan me d'r niks bij voorstellen

„Varen was onze lust en ons leven. Maar wel met mate, want ik heb ook huwelijken stuk zien gaan doordat hij zichzelf helemaal aan het zeilen verloor en zij afhaakte. Riek lag op de boot graag een beetje rustig in de zon – daar hield ik rekening mee.

„De afgelopen jaren, zonder Riek en zelf vaak zo ziek, heb ik in een mist geleefd. Ik heb echt m'n best gedaan zo goed mogelijk door te leven. Ik heb onze flat opgeruimd gehouden, mezelf niet verwaarloosd, mensen uitgenodigd en opgezocht. Maar toch: het was stil, kaal en zwaar. Dan groeit het besef: het wordt niks meer, het leven mag op een dag ook wel voorbij zijn als het is zoals 't nu gaat.

„Aan de andere kant: ik besef eigenlijk nauwelijks dat ik bezig ben met mijn laatste dagen. Sinds een week of zeven verblijf ik in dit hospice. Hier heb ik weer mensen om me heen. Het voelt als een bed van liefde. Ik wist niet dat er zulke lieve mensen bestaan die dit werk doen – de meesten zijn vrijwilligers!

„Ik weet dat ik hier ben om dood te gaan. Vijf mensen zijn al overleden sinds ik hier ben. Dan gaan alle deuren dicht en wordt de overledene weggedragen. Op zo'n moment schiet het wel door me heen: binnenkort ben ik degene die zo vertrekt. Maar het voelt anders. Het lijkt alsof ik al afstand van mezelf heb genomen. Ik zie als het ware het lichaam van een ander voor me die straks dood zal zijn. Het is waarschijnlijk een kwestie van zelfbescherming – anders kan ik het niet verklaren. Want ja, dood: het is een overweldigend idee en tegelijk kan ik me d'r niks bij voorstellen. Ik laat het maar over me heen komen."

Ad Bouwmans overleed op 15 november 2011 in het hospice van Wassenaar. Zijn zoon Addy: „Hij verbleef daar nadat hij de strijd tegen kanker had opgegeven. Toen hij hiertegen geen medicijnen meer nam, trad een opmerkelijke verbetering van zijn conditie op. De goede sfeer in het hospice deed ons bijna vergeten wat ons onherroepelijk te wachten stond. We hebben waardig afscheid van elkaar kunnen nemen. Het einde kwam toch onverwachts en veel te vroeg."

Naam: Marion Peters (1958-2012)

Woonde: in Lisse. Zij was getrouwd en had een zoon en drie dochters. Sinds half februari 2012 bracht zij haar laatste levensfase door in Hospice Wassenaar.

Was: remedial teacher

Wat voorafging: In 2006/2007 werd zij behandeld wegens darmkanker. Voorjaar 2010 kwamen uitzaaiingen op diverse plekken in haar lichaam aan het licht.

Ik heb met een geheim geleefd

„Drie hoofdstukken zijn bepalend voor het verhaal van mijn leven. Mijn gezin en mijn werk als remedial teacher staan hierin centraal. En, hoe confronterend het ook is: ik kan er niet omheen te vertellen dat mijn vader me tussen mijn elfde en zestiende jaar seksueel misbruikt heeft. Dit heeft zo'n impact gehad dat ik dit hoofdstuk niet kan weglaten.

„Als gezin leven we nu al twee jaar met het vooruitzicht dat mijn einde nadert. Dat geeft een hoop verdriet. Tegelijk heeft het ook mooie kanten dat we dit samen meemaken. Het contact met onze kinderen heeft zich verdiept. In rap tempo hebben we hen volwassen en wijs zien worden.

„Mijn man en de kinderen krijgen het nog zwaar als ik er straks niet meer ben, maar ik zie: ze redden het wel, ze zorgen goed voor elkaar. En ze steunen mij geweldig: in ons verdriet kunnen we huilen en gelukkig ook lachen. Als ik zeg dat ik er door die ziekte niet mooier op word, roepen de dochters: 'Als je straks dood bent, zullen we je keurig opmaken zoals je dat zelf altijd doet. Of zullen we wat geks met je doen?' Buitenstaanders schrikken misschien van zulke zwarte humor, maar wij hebben dan echt plezier met elkaar.

„Mijn man en ik hebben elkaar leren kennen op de pedagogische academie in Heemstede. We zijn jong getrouwd. Het eerste kind kwam al snel, ik heb niet lang voor de klas gestaan. Ik kende mezelf: ik kan niks half doen, als ik ergens voor kies, dan stort ik me erin voor de volle honderd procent. Werken naast een jong gezin leek me veel te stressvol.

„Omstreeks 2000 ben ik begonnen met een opleiding en vervolgens met werk als remedial teacher. Op de school van mijn man kreeg ik de smaak weer te pakken door kinderen met leesachterstand extra begeleiding te geven. Het is zo prachtig een kind te zien opbloeien wanneer het een beperking overwint.

„Kinderen zijn nooit zomaar lastig of moeilijk, altijd schuilt er iets achter. Moeite met taal of rekenen compenseren ze met stoer of ongeïnteresseerd gedrag. Geef ze extra aandacht, extra hulp, en je ziet ze vooruitspringen. Hun zelfvertrouwen groeit, ze zitten zichzelf en hun omgeving steeds minder in de weg.

> Het contact met onze kinderen heeft zich verdiept

„Voor mijn opleiding en door eigen levenservaring heb ik heel wat gelezen en gepraat over de ontwikkeling van kinderen. Zelf heb ik zo'n twintig jaar met een geheim geleefd, waardoor ik vastliep in mijn eigen emoties en gedrag. Concentratieproblemen, angsten, geremd zijn bij intimiteit en seksualiteit: ik had er geen idee van dat dit verband kon houden met seksueel misbruik, totdat ik er zo'n twintig jaar geleden voorzichtig over begon te lezen.

„In mijn puberteit heeft mijn vader de grenzen van intimiteit met mij ver overschreden. Zoiets ontwikkelt zich sluipend. Pas op mijn zestiende stond ik sterk genoeg in mijn schoenen om tegen hem te durven zeggen: dit moet ophouden, ik verdraag dit niet langer. Toen is hij ook opgehouden, maar het trauma heb ik daarna nog lang met me meegezeuld.

„Al die jaren deed of vermeed ik dingen die ik niet kon uitleggen. Nee, mijn kinderen mochten nooit bij opa en oma logeren. Ik weet nog dat m'n vader een keer een van mijn dochters op schoot had. Ik kon het niet aanzien, werd er misselijk van.

„Na een lange worsteling besloot ik: ik móét mijn verhaal vertellen, ik kan dit niet langer voor mezelf houden. Mijn vader en mijn moeder heb ik toen apart een brief gestuurd: dit en dat is er gebeurd, ik kan deze ervaring niet langer stilhouden en alleen verwerken. Ik kreeg een kort briefje terug, van hen beiden: categorische ontkenning, ik was knettergek geworden...!

„Dat was zo'n beetje het einde van het contact met mijn ouders. Emotioneel ben ik ermee in het reine gekomen, ook doordat ik tien jaar als vrijwilliger actief ben geweest binnen de Vereniging tegen Seksuele Kindermishandeling. Door gesprekken met lotgenoten heb ik mijn eigen ervaringen kunnen verwerken en anderen kunnen helpen.

„En toch: een volledig afgesloten hoofdstuk kan dit niet zijn. Steeds duikt wel weer die vraag op: sturen we mijn ouders straks een rouwkaart? Stel, ze melden zich omdat ze me nog één keer willen zien, omdat ze spijt willen betuigen van alles wat er is gebeurd? Ik heb de energie niet meer om over zulke vragen na te denken. Ik zie het als hún probleem. Ik ben niet meer in staat aan de oplossing mee te werken."

Marion Peters overleed op 8 juni 2012. Haar man Piërre: „Natuurlijk blijven wij met een groot gemis achter. Wat Marion ons vooral mee heeft gegeven, is dat het leven 't waard is om voor te vechten. En wat heeft ze gestreden! Mede dankzij de liefdevolle zorgen van de mensen van Hospice Wassenaar hebben we haar nog zo lang bij ons mogen hebben. Om met haar eigen woorden af te sluiten: 'Tot ooit!'"

Naam: Riet Sekhuis-Kooiman (1946-2011)

Woonde: in Utrecht. Verbleef sinds februari 2011 in Hospice Heuvelrug in Zeist.

Was: keuringsassistent bij een arbodienst

Wat voorafging: Borstkanker werd in 2002 met succes bestreden. In 2008 kwamen uitzaaiingen in botten aan het licht. Door spontane botbreuken verbleef zij vanaf oktober 2010 in achtereenvolgens een ziekenhuis, een verpleeghuis en een hospice.

Ik ging maar door met normaal doen

„Een dezer weken wordt mijn eerste kleinkind geboren. Ik had het niet verwacht, maar ik ga 't meemaken. Dat maakt me zo blij! Dan is de cirkel rond voor mij. Toen ik afgelopen herfst hoorde dat mijn schoondochter en zoon een kind verwachtten, dacht ik meteen: dit kind gaat mijn plek in de familie overnemen. Gelukkig zal ik het kind nog kunnen zien.

„Twee maanden geleden, in het verpleeghuis, had ik regelmatig het gevoel dat ik niet verder wilde leven. Het personeel was er sterk gericht op revalidatie: mensen weer op de been krijgen. Bij mij was dat niet aan de orde. Ik voelde me te veel – alsof ik er niet meer mocht zijn.

„In dit hospice voelt het alsof ik weer mag leven, hoe kort het ook zal duren. Voor het eerst heb ik de rust gevonden mijn leven af te ronden. Ik heb nogal wat meegemaakt waarbij ik te weinig heb stilgestaan. Dat is niet goed geweest: niet voor mezelf en niet voor mijn familie.

„Mijn man maakte in 1986 een einde aan zijn leven. Ik bleef met drie jonge kinderen achter: onze zoon was twaalf jaar, onze dochters waren negen en zes. De drie jaar ervoor heeft mijn man doorgebracht in klinieken. Ik was er al aan gewend alleen voor het gezin te zorgen. Toen hij dood was, kon ik maar aan één ding denken: we moeten doorgaan, ik moet overeind blijven voor de kinderen. Als het goed gaat met de kinderen gaat het vanzelf goed met mij – dat was mijn instelling.

„Pas nu zie ik dat ik door deze houding veel mensen op een afstand heb gehouden. Ik heb niet gezien hoe verdrietig zij waren, hoe moeilijk zij het hadden. Met name mijn oudste dochter heb ik tekortgedaan. Zij had een hechte band met haar vader en voelde zich door deze zelfdoding in de steek gelaten. Daarvoor heb ik onvoldoende oog gehad. Ik ging maar door met zo normaal mogelijk doen.

„Gelukkig kan ik dit nu met haar bespreken. Ik hoop dat het haar helpt om straks ook mijn dood te verwerken. Voor mij is het heel waardevol dat wij onze gevoelens nu tegenover elkaar hebben kunnen uiten.

‘Door ons verleden op te ruimen, kom ik met mezelf in het reine’

„Als ik terugdenk aan de jaren waarin de kinderen jong waren, dan zie ik vooral een tijd waarin ik probeerde te óverleven en misschien onvoldoende leefde. Veel herinneringen aan die periode heb ik niet. Het is een fase met grote zwarte gaten in m'n hoofd. Laatst had ik het erover met een van m'n zusjes. Ze zei: ‘Je was zo hard.’ Ik zei: ‘Ik wilde geen medelijden.’ Ze zei: ‘Ja, maar er bestaat ook zoiets als medeléven. Zelfs dat liet je niet toe.’

„Dertien jaar had ik met deze zus geen contact gehad. De familie was in 1998 uit elkaar gevallen toen een andere zus een einde aan haar leven maakte. Ze had zich nogal van ons afgezonderd. Als we haar spraken, zei ze wel: vijftig jaar wil ik niet worden. Dat heeft ze dan ook niet gehaald. Wij hebben dit nooit als een signaal opgevat.

„Naar haar crematie zijn we allemaal nog wel geweest: mijn broer, drie zussen en ik. Snel daarna was het contact kapotgegaan, doordat we allemaal zo totaal verschillend op de dood van onze zus reageerden. Ik had in die tijd de energie niet alles uit te praten. Allemaal lieten we het erbij zitten. Maar het bleef wel aan mij knagen.

„Toen ik naar dit hospice ging, heb ik een e-mail rondgestuurd dat ik aan de laatste etappe van m'n leven begon. Mijn zus en broer heb ik geschreven dat ik ze nog zou willen ontmoeten. Ze reageerden onmiddellijk. Allebei zijn ze al een paar keer op bezoek geweest. Het zijn geen makkelijke gesprekken, maar wel heel waardevol.

„Door ons verleden samen op te ruimen, kom ik met mezelf in het reine – zo ervaar ik dat. Achteraf denk ik: dat had ik veel eerder moeten doen, jaren geleden had ik al moeten doorbijten. Lichamelijk was ik toen sterk, maar geestelijk kennelijk niet. Nu is dat volledig omgekeerd. Ik ben blij dat ik eindelijk gedachten en gevoelens kan toelaten die ik eerder zo diep had weggestopt."

Riet Sekhuis overleed op 1 augustus 2011. Haar kinderen: „Tegen wil en dank, en over alle pijngrenzen heen, was onze moeder verknocht aan het leven. Afscheid nemen kon en wilde ze niet. Het loslaten van haar kinderen en kleinkind was misschien wel de allergrootste opgave van haar leven. Nog tweeënhalve maand is ze oma geweest. Daarna is ze toch gegaan: ze nam afscheid en liet los. We missen haar verschrikkelijk."

Naam: Jeanette (1952; haar achternaam ziet zij liever niet vermeld)

Woont: in Gouda. Heeft twee volwassen kinderen (dochter, zoon) en twee kleinkinderen.

Is: 'mozaïst' („Zo noem ik mijn werk; ik maak mozaïeken en geef er cursussen in.")

Wat voorafging: Zij heeft „een lange geschiedenis" in de psychiatrie, onder andere door manische depressiviteit. Heeft regelmatig een doodswens ervaren die haar verschillende malen dicht bij zelfdoding heeft gebracht.

Soms verdraag ik dit leven niet

„De dood is geen probleem voor mij, het kan de oplossing zijn. Het leven valt me soms zo zwaar dat ik maar aan één ding kan denken: een einde eraan maken. Een terminale kankerpatiënt kan zeggen: ik wil me niet verder laten behandelen, ik wil euthanasie, het lijden wordt me te zwaar. Ik weet uit ervaring dat een psychiatrische patiënt op een vergelijkbare manier kan lijden. Maar dat ligt veel ingewikkelder dan bij kanker en wordt in de samenleving veel minder makkelijk geaccepteerd.

„Ik kan mezelf zo diep ellendig voelen, het is nauwelijks te beschrijven wat psychisch lijden met je doet. Ik zou willen dat gezonde mensen, en vooral ook hulpverleners, zich beter daarin zouden kunnen inleven. Ik kan compleet in mezelf opgesloten zijn, ik ben dan volstrekt ongevoelig voor signalen van buitenaf en kan maar aan één ding denken: dit moet ophouden, ik verdraag dit leven niet langer, ik wil weg...

„Tweemaal ben ik gedwongen opgenomen geweest. De eerste keer was omstreeks mijn scheiding, na 33 jaar huwelijk. Ik had me direct daarna in een onmogelijke relatie gestort, waardoor het nog slechter met mij ging. Ik wist zeker: mijn leven is totaal mislukt, ik kan niks, ik ben niks, ik ben mijn familie alleen maar tot last, het is voor mij en iedereen het allerbeste als ik er niet meer ben.

„Ik had al besloten hoe en op welke dag ik mijn plan zou uitvoeren. Op de ochtend dat het zover was, stonden er opeens een wildvreemde man en vrouw in m'n huis. Ze lieten me een papier zien en zeiden: 'We hebben een beschikking van de burgemeester, u bent een gevaar voor uzelf, we komen u ophalen voor gedwongen opname.' Toen ik begon te protesteren, stapten twee politieagenten en twee ambulancebroeders m'n kamer binnen. Ik kreeg te horen: óf u loopt nu rustig mee, óf we slaan u in de boeien en we binden u op een brancard. Toen ben ik maar meegelopen.

„Ik heb dit als een diepe vernedering ervaren. Ik had al afscheid van het leven genomen. In feite was ik dood, met als enige verschil dat ik die allerlaatste stap net niet had kunnen zetten. Ik was zó boos, zó radeloos. Waar haalden ze het lef vandaan mij te weerhouden van het enige wat ik nog wilde op dat moment en waarover ik zélf wilde beslissen: mijn eigen leven!

'Ik zei: ik kán niet meer, je móét me helpen eruit te stappen'

„Hoe confronterend het ook mag klinken voor m'n familie en m'n naasten, nog steeds zeg ik: voor mij was het goed geweest als er vijf jaar geleden een einde aan mijn leven was gekomen. Het heeft me zo veel pijn en moeite, zo veel energie en kracht gekost de weg terug te vinden naar het leven. Ik had geaccepteerd dat m'n leven mislukt was en nu moest ik toch weer manieren zien te vinden om een bestaan op te bouwen met werk en een huis en andere mensen.

„Met vallen en opstaan ben ik overeind gekomen. Vorig jaar in augustus ging het weer mis. Opnieuw was ik dicht bij het einde. Een spoedconsult bij m'n psychiater heeft me tegengehouden. Ik zei: ik kán niet meer, je móét me helpen eruit te stappen, anders doe ik 't zelf. Ze zei: 'Ik moet even iemand bellen' en ze ging de kamer uit. Toen ze terugkwam, zei ze: 'Kom, we rijden even naar een andere dokter voor een second opinion.' We gingen rechtstreeks naar de gesloten psychiatrische afdeling, waar wéér een beschikking voor gedwongen opname klaarlag.

„Toen was ik nóg veel bozer dan de eerste keer. Ik zei:

vijf jaar geleden had ik van tevoren niks gezegd en toen hebben jullie me tegengehouden. Nu kondig ik het aan en mag ik het weer niet doen. Hoe zou ik 't een volgende keer moeten aanpakken?

„Ruim een jaar later zeg ik: deze keer had ik toch nog wel een paar procent levenszin in me om weer door te gaan. Tegelijk denk ik: het houdt een keer op, ik kan niet steeds zo dicht bij de dood zijn en daarna toch de draad van het leven weer oppakken.

„Als ervaringsdeskundige geef ik voorlichting op scholen en in bedrijven. Dat houdt mij in balans. Gelukkig beschik ik over een gezonde dosis humor en relativeringsvermogen. Ik ervaar het leven lang niet altijd als uitzichtloos lijden. Ik vind het moeilijk, soms prachtig, en vaak vreselijk zwaar. Dat maakt het ook lastig voor m'n naasten. Maar het is niet anders."

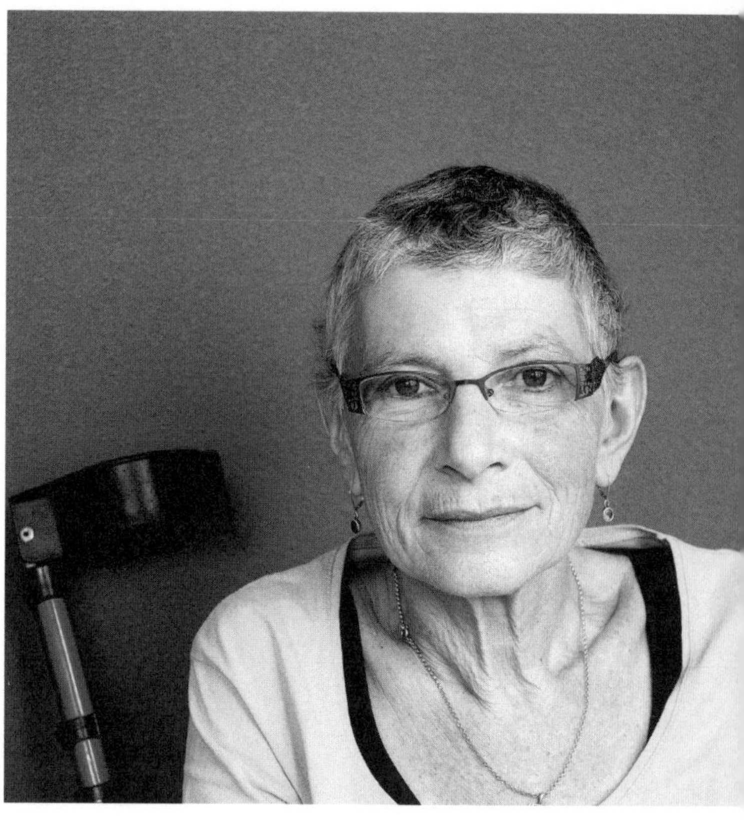

Naam: Rachel Frankenhuis (1948-2011)

Woonde: in Amsterdam. Verbleef in haar laatste maanden in het Joods Hospice Immanuel in Amsterdam.

Was: kindertherapeut

Wat voorafging: Bij jaarlijkse controle na borstkanker, die in 2001 was bestreden, kwamen in de zomer van 2010 uitzaaiingen in bot van het onderbeen, bekken, wervelkolom en longen aan het licht. Behandeling was nadien gericht op pijnbestrijding; genezing was uitgesloten.

Mijn leven is een zoektocht geweest

„Ik heb een leven van strijd achter de rug. Ik heb met Amerikaanse straatkinderen gewerkt. Ik heb in een kibboets gewoond. Ik heb veel gereisd, waardoor ik in de wereld veel misstanden en conflicten ben tegengekomen. Lange tijd heb ik een relatie gehad met een Israëlische linkse activist en documentairemaker. Ik was een wereldverbeteraar – ik hoop dat ik mijn steentje heb kunnen bijdragen.

„Die strijd in mezelf is de verwerking van een jeugdtrauma geweest. Ik ben een tweedegeneratie-oorlogsslachtoffer. Mijn vader was in juli 1942 bij het allereerste Jodentransport naar Polen. Het is een wonder dat hij Auschwitz en een hele rij andere kampen heeft overleefd. Hij heeft de vreselijkste dingen meegemaakt, maar over de oorlog heb ik hem nooit een stom woord horen zeggen. Altijd was hij vrolijk, altijd bezig. Als kind voelde ik natuurlijk donders goed dat dit niet normaal was, dat ik hem moest ontzien, lief zijn, m'n best doen op school – en dat ik 't nóóit goed genoeg zou doen.

„In het voorjaar van 2009 was ik in een vredeskamp van Israëliërs en Palestijnen bij Haifa. Het gesprek ging over Thich Nhat Hanh, een boeddhistische monnik uit Vietnam die zware bombardementen heeft meegemaakt en later verzoeningsbijeenkomsten met Amerikaanse militairen heeft georganiseerd. In Frankrijk heeft hij een leefgemeenschap gesticht, Plum Village. Ik dacht: ik ga ook 's naar hem toe.

„In augustus 2009 ging ik, bepakt met m'n rugzak en tentje, naar Frankrijk. Ik was moe, zo godvergeten moe. De eerste nacht werd ik doodziek wakker. Vreselijk gekotst heb ik toen. Ik dacht op dat moment: weg ermee, de hele oorlog, alle strijd heb ik daar letterlijk uitgebraakt.

„De week bij Thich Nhat Hanh werd een onvergetelijke ervaring. De meditaties daar, de ontmoetingen met mensen, de liefdevolle aandacht voor elkaar: het heeft me een innerlijke rust gebracht waarvan ik nog steeds *flabbergasted* ben.

„Maar denk niet dat ik nu *into* deze goeroe ben. Mijn hele leven is, behalve strijd, ook een spirituele zoektocht geweest. In 1987 ben ik begonnen met *lernen* bij rabbijn Yehuda Ashkenazy, omdat ik mijn joodse wortels wilde onderzoeken. Ik heb me verdiept in de mystiek van het soefisme uit de vroege islam. Wat Kahlil Gibran in zijn bundel *De profeet* over de dood schrijft, behoort tot de allermooiste teksten die ik ooit heb gelezen: 'Als je echt de ziel van de dood wilt kennen, open je hart dan voor het leven/ Want leven en dood is één, zoals de rivier en de zee ook één zijn.'

> Eerlijk: ik voel me op dit moment intens gelukkig

„Hindoeïsme, taoïsme – uit alles en overal vandaan heb ik inspiratie geput. Ik moet opeens denken aan een Amsterdamse politieman die ik 's in een documentaire hoorde zeggen: 'Ik heb niet gestudeerd, ik heb de straatacademie gedaan.' Zo heb ik ook geleefd en geleerd: door mensen uit de hele wereld te ontmoeten, te luisteren, te lezen, te zoeken.

„In september twee jaar terug, een paar weken na mijn verblijf bij Thich Nhat Hanh, had ik m'n jaarlijkse controle in het ziekenhuis. Toen bleek: het is helemaal mis, de kanker zit van mijn scheenbeen tot in m'n nek. Ik voelde me alsof ik in drie films tegelijk speelde: ik was nog gewoon aan het werk, ik zou met twee vriendinnen een reis maken door het zuiden van Marokko en nu moest ik ook weer met die kanker aan de slag.

„Vraag me niet hoe ik het heb klaargespeeld, maar ik ben erdoorheen gekomen. M'n werk heb ik stap voor stap losgelaten. Ik heb chemokuren doorstaan. Ik heb die reis door Marokko gemaakt. Ik ben zelfs nog in Japan en Rusland geweest.

„Nu ben ik hier, in dit joodse hospice, voor de laatste fase van m'n leven. Ik stuiterde toen ik hierheen werd gebracht, met een hoofd vol dingen die ik nog wilde. Maar ik kwam deze kamer binnen en ik dacht onmiddellijk: ik hoef helemaal niks meer, ik kom thuis, dit is het landschap van m'n ziel, ik ga hier niet meer weg.

„En eerlijk: ik voel me op dit moment intens gelukkig. Als ik iets in mijn leven heb geleerd, dan is 't dit: probeer dat dualistische denken los te laten. Goed of fout, mooi of lelijk, zwart of wit – het zijn verroeste denkpatronen. Zo maken leven en dood ook deel uit van één en dezelfde werkelijkheid. Wat na het leven komt, is te groot om in woorden te vatten. Ik hoef die woorden niet meer te zoeken. Ik merk het wel. Het zal net zo prachtig zijn als het leven dat ik heb gehad."

Rachel Frankenhuis overleed op 12 augustus 2011.

Wij spreken van levensondersteuning

Joods Hospice Immanuel staat, zoals dat heet, open voor alle gezindten. Jaarlijks verblijven er circa tachtig mensen. Vier van de tien zijn joods. Directeur Sasja Martel (57) schreef het boek *Sterk als de dood. Sterven en rouw in joods perspectief*. Ze zegt: „Wij maken in het hospice geen onderscheid tussen leven en dood. De dood hoort bij het leven. Dat is de joodse visie. Een woord als stervensbegeleiding zal ik nooit gebruiken. Wij spreken hier van levensondersteuning."

De dood verzwijgen kan angst kweken.
„Het is geen kwestie van verzwijgen. Het leven heeft al genoeg zorgen. Wat erna komt, laten we over aan de Allerhoogste. We kunnen ons er toch geen voorstelling van maken.

„De Joodse traditie kent een oersterke wil tot leven. Dat geldt nog eens extra voor bewoners die de oorlog hebben overleefd. Ze zijn nu boven de tachtig. In de oorlog hebben ze vaak ondergedoken gezeten, zijn vervolgd, hebben de kampen overleefd, familie verloren.

„Deze mensen zijn *survivors*. Hun wilskracht heeft hen in leven gehouden: in beweging blijven, niet op bed gaan liggen als je ziek bent, altijd meer dan voldoende eten in huis proberen te hebben – die reflexen zitten diep bij hen. Toegeven aan zwakte en ziekte kan fataal zijn."

Eens is het leven voorbij, dan telt 'de kunst van het loslaten'.
„Ieder mens doet dat op z'n eigen manier en 95 procent doet dat op eigen kracht, zonder bijzondere hulp of kunstgrepen. Ik trek altijd een parallel tussen sterven en geboorte. Bij nieuw leven kun je talloze vragen stellen: wordt het een jongen of een meisje, zal het gezond zijn, wat wordt de kleur van de ogen, wanneer komt het precies? Ik zeg: alles op z'n tijd, wacht rustig af, bereid je erop voor, maar probeer niet alles van tevoren te weten en te beheersen. Geboorte is een wonder, sterven is dat ook. Geef je eraan over."

Sasja Martel is directeur van het Joods Hospice Immanuel in Amsterdam. Samen met arts Ruben van Coevorden, gespecialiseerd in levenseindezorg, heeft zij het hospice opgericht.

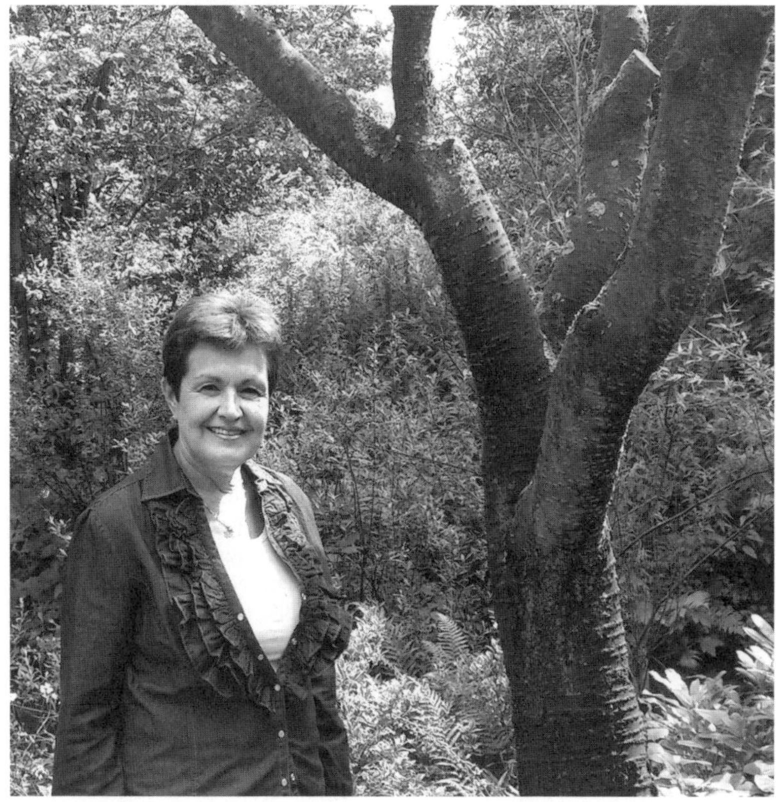

Klinkt mooi, maar makkelijk is 't niet. Oorlogstrauma's kunnen het extra moeilijk maken. Hoe lost u dit op?
„Kant-en-klare oplossingen hebben we niet. Mensen verschillen van elkaar – en dat geldt zeker voor de laatste levensfase. Het belangrijkste is dat wij hun een 'thuis' kunnen bieden: een plek die veilig is, waar je goed verzorgd, gesteund en begrepen wordt. We zijn geen verpleeghuis, geen instelling met hulpverleners. Het 'thuisgevoel' staat bij ons centraal.
Op vrijdagavond, het begin van sjabbat, wordt hier de tafel gedekt, met wit damast en kaarsen, we maken kippensoep, bakken boterkoek. Dat kent men van huis uit en roept vaak warme gevoelens op. We doen er alles aan een 'warm en veilig nest' te bieden."

Een veilig nest dat ooit wreed verstoord kan zijn...
„Dat is wrang, ja. Door de verschrikkelijke ervaringen uit de oorlog hebben velen nooit stabiele relaties kunnen opbouwen. Echtscheidingen komen in de Joodse gemeenschap vaker voor dan gemiddeld in Nederland. Eenzaamheid is een groot probleem onder Joodse ouderen. Regelmatig komt het voor dat bewoners bij ons weer opkrabbelen, mede door de kwaliteit van leven hier. Soms moeten we tegen bewoners zeggen: u kunt hier niet langer blijven, de kans is groot dat u extra tijd van leven hebt gekregen."

Wat de associatie voedt: u moet weer weg uit dit onderduikadres?
„Zo'n gevoel kan zeker een rol spelen. Dat maakt het extra moeilijk. Mensen kunnen dan dat onveilige gevoel weer krijgen. In z'n algemeenheid is de boodschap 'u gaat weer terug naar het leven' vaak moeilijker te verwerken dan wat we vertellen bij een intakegesprek. Mensen zijn toegegroeid naar de fase van afscheid nemen en moeten de draad van het leven weer zien op te pakken."

Hoe brengt u die boodschap?
„Dat verschilt van persoon tot persoon. Het voornaamste is dat tijdsdruk geen rol speelt. Iemand verlaat dit huis pas wanneer we een passende oplossing hebben gevonden."

Verwacht u van niet-joodse bewoners dat zij de joodse spijswetten en andere leefregels volgen?

„Nee, alles kan hier, niets is verplicht. In de openbare ruimtes van het hospice moet iedereen zich wel houden aan de joodse regels, maar in hun eigen kamer gelden die niet. Opvallend is wel dat niet-joodse bewoners graag aansluiten bij onze gebruiken, zoals op sjabbat. Dat heeft te maken met een familiegevoel waartoe mensen zich aangetrokken voelen en uiteraard de diepe betekenis van rituelen, die houvast bieden in het leven."

Eén regel geldt strikt: voor euthanasie is geen plek in uw hospice.

„Dat gaat niet samen met onze joodse achtergrond. Euthanasie is in de praktijk ook niet nodig wanneer je mensen de juiste steun en verzorging biedt. Medisch gezien is hier veel mogelijk, ook op het gebied van pijnbestrijding en palliatieve sedatie (iemand in slaap houden in de allerlaatste uren of dagen, red.). Ook dan overlijden mensen op hun eigen tijd, op een natuurlijke manier. Maar euthanasie, nee, dat niet."

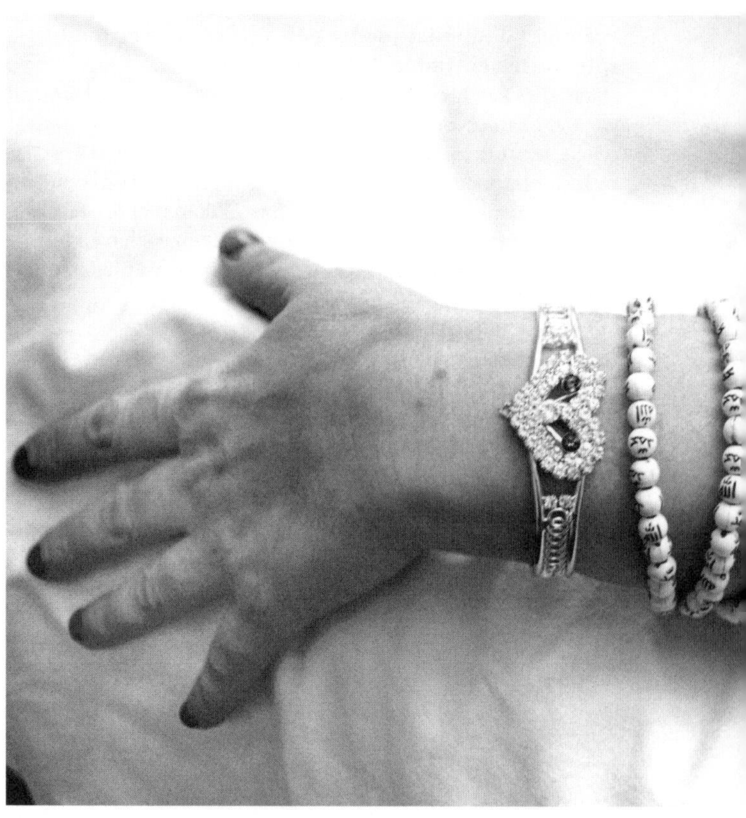

Naam: Malika (1962-2012; haar achternaam wilde zij liever niet vermeld zien)

Woonde: in Gouda. Verbleef in haar laatste maanden in hospice Sint Elisabeth Gasthuishof in Leiden

Was: medewerker van een bedrijf voor sociale werkvoorziening in Gouda

Wat voorafging: In augustus 2010 bleek dat zij botkanker had. Chemokuren en een operatie volgden. In april 2012 hoorde zij dat genezing niet meer mogelijk was.

Zo veel liefde kreeg ik niet eerder

„Mijn ouders zijn overleden. Ik heb drie broers en een zus in Marokko. Ik heb een zoon van 23 jaar, die in Den Haag woont, en een neef in Dordrecht. Verder heb ik geen familie. Tijdens mijn ziekte heb ik me heel erg alleen gevoeld.

„In februari vorig jaar lag ik in het ziekenhuis. Iedereen kreeg bezoek, maar voor mij kwam bijna niemand. Ik lag de hele tijd naar de deur te kijken of er iemand voor mij zou binnenkomen. Mijn kussen was nat van de tranen.

„Op een dag kwam een vrouw bij mij, die zei: ik ben de schoonmoeder van een zus van een collega van jou uit Gouda. Zij heeft mij gebeld. Zij heeft gevraagd: 'Kun je bij Malika op bezoek gaan? Zij ligt in jouw stad in het ziekenhuis. Zij kent daar niemand.'

„Deze vrouw heeft toen voor mij gebeden. Zij heeft mij voorgelezen uit de Koran. Ik werd er helemaal rustig van. Ik ben in slaap gevallen. Wekenlang had ik heel slecht geslapen, omdat ik zo ziek was en zo veel verdriet had. Toen ik wakker werd, schaamde ik mij. Ik was gaan slapen, terwijl ik bezoek had... De volgende dag kwam de vrouw terug. Ze zei: 'Het is helemaal niet erg dat je in slaap viel. Dat is goed. Dan word je beter.'

„Twee maanden geleden lag ik weer in het ziekenhuis. De dokter zei: 'Je kunt niet meer beter worden.' Ik schrok heel erg. Een geestelijk verzorger van het ziekenhuis kwam bij mij. Ze zei: 'Ik ga voor je bidden dat God jou kracht geeft en dat Hij mensen stuurt om jou te helpen.'

„God heeft toen geluisterd naar het gebed van de geestelijk verzorger, want een paar dagen later zag ik opeens de vrouw weer die een jaar eerder bij mij op bezoek was gekomen. Samen met twee andere vrouwen was ze bij iemand anders in het ziekenhuis. Ze zei: 'Jij bent Malika, toch? Gaat het niet goed met jou?' Ik zei: 'Nee, kanker is terug.' Toen zei ze: 'Dan gaan wij voor jou zorgen.'

„Tegen de vrouwen in de moskee heeft zij gezegd: wij gaan Malika helpen. Hier in het hospice krijg ik nu al zeven weken bezoek – 's ochtends, 's middags, 's avonds. Alles nemen ze voor mij mee: eten, fruit, snoep, schone pyjama's, shampoo. Ze krijgen het gratis van islamitische winkels. Ze hebben daar gezegd: het is voor Malika, die heel ziek en alleen is. Toen hebben de mensen van de winkels gezegd: pak maar wat je voor haar nodig hebt.

> Dokters moeten niet zeggen: je hebt nog drie maanden te leven

„Een vrouw die schoonmaker is in het ziekenhuis, stapt elke ochtend om acht uur bij mij binnen. Ze komt vers stokbrood brengen. Wij maken even een praatje en dan gaat zij naar haar werk. De mensen van het hospice hoeven mij geen eten te geven. De hele dag komen groepjes vrouwen lekkere dingen brengen. Ook de imam van hun moskee komt elke dag. Dan bidden wij samen. Zo veel aandacht, zo veel liefde heb ik in mijn leven niet eerder gekregen. Het werkt beter dan alle medicijnen die je in de wereld kunt krijgen.

„De mensen in het hospice zorgen ook zo goed voor mij. Als ik op een knopje druk, komen ze aangelopen. Alles doen ze voor mij. Elke dag krijg ik schone lakens. Het zijn hele lieve mensen.

„Het is wel verdrietig dat in dit huis zo veel mensen doodgaan. Ik kon een vrouw horen die vaak om hulp riep. Toen ik dat een tijdje niet had gehoord, zei ik tegen de zuster: 'Ik hoor haar niet meer roepen.' De zuster zei: 'Ze is overleden.' Dat vind ik moeilijk om te horen. Ik heb gezegd: 'Vertel het maar niet meer aan mij als hier iemand doodgaat. Dan moet ik huilen. Het is niet goed voor mij om dat te horen.

„Ik weet dat ik doodga aan deze ziekte. Alleen: ik weet niet wanneer. Iedereen gaat dood. Niemand weet wanneer. Mijn vader is gestorven door een auto-ongeluk, in Frankrijk. Hij was onderweg naar het koffiehuis. Helemaal gezond was hij.

„Allah, en alléén Allah beslist wanneer je tijd is gekomen. Dokters moeten niet zeggen: je hebt nog drie maanden te leven, dat is hun zaak helemaal niet. Dan maken ze de mensen alleen maar bang en verdrietig. En als je bang en verdrietig bent, word je nóg zieker. Je moet bidden dat Allah je helpt, dat hij je weer beter maakt. Ook ik kan nog beter worden, als Allah dat wil. Of niet – ik moet gewoon afwachten hoe het met mij verder gaat.

„En wat zo mooi is: binnenkort, misschien volgende week al, komt mijn oudste broer uit Marokko op bezoek. Mijn collega's uit Gouda hebben geld ingezameld. Nu kan hij het vliegtuig betalen. Het is toch ongelofelijk dat de mensen dat allemaal voor mij doen!"

Malika overleed op 27 augustus 2012. Een arts van het hospice: „Ze is overleden in het bijzijn van een aantal vrouwen die haar trouw hebben bezocht. Na een afscheidsdienst in de moskee is ze naar Marokko overgebracht. De laatste weken had ze minder pijn en ze was zich minder bewust van wat ze meemaakte."

Naam: Nilgün Büyür (1959)
over de dood van haar man Hidayet Sahbaz (1956-2005)

Woont: in Haaksbergen (Ov.), met haar twee zonen

Is: ex-medewerker van een woningcorporatie. Zij is opgeleid aan een meao. Ze doet nu vrijwilligerswerk.

Wat voorafging: Haar man overleed in juni 2005, door longkanker die enkele maanden tevoren was ontdekt. Na zijn dood werd zij depressief – een probleem waarmee zij nog regelmatig kampt. Sinds 2007 geeft zij als ervaringsdeskundige voorlichting over stervensbegeleiding en rouwverwerking, onder anderen aan allochtone groepen en verpleegkundigen in opleiding.

Ik was bang voor de dood, hij niet

„Vrouwen praten makkelijker over emoties dan mannen. In de Turkse gemeenschap speelt dat nog veel sterker dan bij Nederlanders. Met mijn man heb ik nooit over zijn naderende dood kunnen praten. Hij accepteerde niet dat hij ging sterven. Hij was ervan overtuigd dat hij zou genezen. Hij geloofde in een wonder. Toen de dokter eenmaal had gezegd dat hij niets meer voor hem kon doen, is hij binnen drie dagen overleden.

„Mijn man is in Nederland altijd ongelukkig geweest. Ik ben hier vanaf mijn zevende jaar opgegroeid. Hij kwam pas op zijn 32ste, direct na onze trouwdag in 1988. Hij ging werken in een behangfabriek. Hij was een slimme man, werkte in Turkije als statisticus bij de spoorwegen. Hij is opgegroeid in Adana, een zuidelijke stad met een warm klimaat, waar het leven zich op straat afspeelde. Hij kon er niet aan wennen dat iedereen na het werk naar huis rende en de voordeur achter zich dichttrok. Hij vond Nederland een koud land. Hij raakte aan de drank, vereenzaamde.

„Eindeloos heeft hij gesmeekt: 'Ga met mee, terug naar Turkije.' Ik wilde niet. Ik ben hier opgegroeid, ik werkte fulltime, mijn directe familie woont hier. Ik was niet in staat al die banden door te snijden. Mijn man werd daardoor min of meer een gevangene van zichzelf. Hij wilde niet in Nederland leven, maar hij kon ook niet alleen terugkeren naar zijn familie in Adana, want zijn familie zou een echtscheiding niet accepteren.

„Omstreeks 2000 zijn we gescheiden. Hij ging twee straten verderop wonen. Al die tijd voelde ik: hij komt wel bij me terug, we konden elkaar niet loslaten. Na de zomer van 2004 is hij inderdaad weer hier komen wonen. Voorzichtig maakten we plannen voor de toekomst. Over een paar jaar, zeiden we, staan de jongens op eigen benen en kunnen we een deel van het jaar in Turkije gaan wonen.

„Een half jaar later bleek dat hij longkanker had. Hij reageerde optimistisch. Hij zei: 'Ik ga naar het dorp waar mijn opa en oma woonden, hoog in de bergen' – alsof hij voor astma kon gaan kuren in de ijle lucht. Dat dacht hij: als ik maar eenmaal in Turkije ben, word ik weer beter. In zijn hoofd was het uitgegroeid tot een paradijs. Maar hij was al te ziek om terug te gaan.

> Ik zei: ik wil alles leren over omgaan met de dood

„Ik ben vreselijk bang geweest in de maanden dat hij ziek was. Ik was bang voor zijn dood, hij niet. Hij ontkende volledig dat hij op korte termijn zou sterven. Het huis stroomde vol met mensen die op ziekenbezoek kwamen, dag in, dag uit. Dan vertelde hij wel over zijn chemokuren en behandelingen, maar hij weigerde onder ogen te zien dat die hem weleens niet zouden kunnen redden. En niemand confronteerde hem daarmee. Daarvoor gaf hij ook de ruimte niet. Niemand, ook mij niet, stond hij toe daarover te praten.

„Na zijn dood ben ik in een diepe depressie geraakt. Ik kwam mijn bed zo ongeveer niet meer uit. Mijn familie heeft de jongens opgevangen. Via een psycholoog ben ik in 2007 bij een gespreksgroep voor rouwverwerking terechtgekomen. Na vier bijeenkomsten zei ik: ik wil mijn toestand omzetten in een win-winsituatie, ik wil alles leren over omgaan met de dood en het rouwproces erna en ik wil die kennis uitdragen. Dat werkt therapeutisch voor mezelf en ik kan er andere mensen mee helpen.

„Achteraf zeg ik: ik had heel anders moeten omgaan met

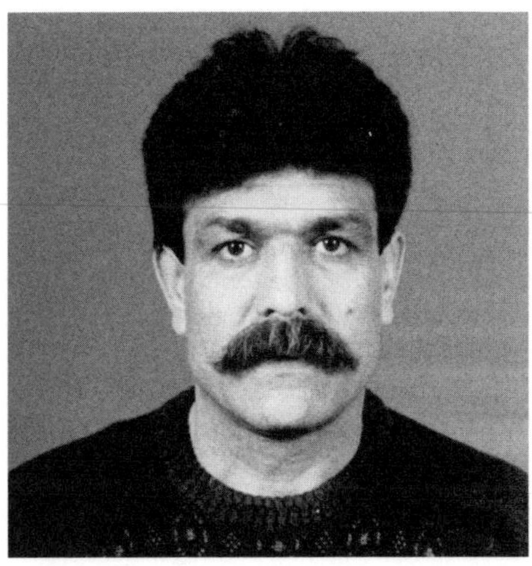

de ziekte en de dood van mijn man. Hem kon ik niet veranderen. Ik moest accepteren dat hij niet over de dood kon praten. Maar voor mezelf en mijn zonen had ik hulp kunnen inroepen waarvan ik toen niet wist dat die bestond. Mentale hulp, zodat we beter op zijn dood voorbereid waren geweest. En praktische hulp.

„Hij wilde meteen weg uit het ziekenhuis toen de dokter zei dat hij uitbehandeld was. Ik zei: 'Ik kan het niet aan dat hij thuiskomt.' Ik had nog nooit een dode gezien, had nooit echt met iemand over de dood kunnen praten. Wat moest ik doen als hij 's nachts zou overlijden? Ik zou in paniek zijn geraakt.

„Nu weet ik dat je nachtverpleging kunt krijgen, dat je vrijwilligers kunt vragen te waken bij iemand die terminaal ziek is. Voortdurend kom ik nu mensen tegen, uit alle culturen, voor wie de dood een groot zwart gat is. Ik heb ondervonden dat je jezelf daarin niet moet opsluiten. Praat erover, schakel hulp in. Mij houdt het op de been dat ik die boodschap kan uitdragen."

Wij laten onze doden eeuwig rusten

Sterven Turkse of Marokkaanse moslims in Nederland, dan volgt onherroepelijk hun laatste reis. Letterlijk. Vrijwel zonder uitzondering laten zij zich in het land van herkomst begraven. Vluchtelingen daarentegen, onder andere uit Afghanistan, Sierra Leone en Somalië, kunnen of willen doorgaans niet 'naar huis' terugkeren. Moslims uit Suriname, de Molukken en Bosnië hechten minder aan een graf in hun geboortegrond.

Ibrahim Wijbenga (Nederlandse vader, Marokkaanse moeder) is voorzitter van een stichting die de belangen behartigt van moslims die in Nederland overlijden. De stichting is in 2005 opgericht toen bleek dat een overleden asielzoeker, een moslim, was gecremeerd. In islamitische kring is dat zeer ongepast.

Ibrahim Wijbenga: „Er was en is in Nederland te weinig bekend over onze regels en rituelen rondom de dood. Onze traditie vertoont meer overeenkomsten met joodse gebruiken dan met Nederlandse. Vandaar dat we samenwerking hebben gezocht met de joodse gemeenschap."

Samenwerking tussen moslims en joden: opmerkelijk.
„Er zijn talrijke vormen van samenwerking tussen moslimen de joodse organisaties. Met name over de kwestie van eeuwigdurende grafrust hebben wij contact gezocht met de joodse gemeenschap, omdat zij hiermee al veel ervaring hebben.

„Op godsdienstig gebied mag er veel zijn dat ons scheidt, er is tegelijk ook veel dat ons bindt. Denk aan besnijdenis van jongetjes, ritueel slachten, spijswetten, lijkwassing, begraven in het tweede etmaal na overlijden, allerlei grafrituelen."

Hoe verloopt het contact met joodse geestverwanten?
„In tegenstelling tot wat veel mensen denken, onderhouden we goed en intensief contact met elkaar. Menachem Sebbag, nu rabbijn van de Nederlandse krijgsmacht en eerder direc-

Ibrahim Wijbenga is voorzitter van de Stichting Islamitisch Begrafeniswezen. Hij is gemeenteraadslid voor het CDA in Eindhoven en lid van het bestuur van CDA Brabant. Hij werkt parttime als 'straathoekwerker' in Amsterdam Nieuw-West.

teur van het Joods Begrafeniswezen, heeft ons geholpen bij het opzetten van onze stichting. In allerlei andere discussies met Nederlandse overheden trekken we samen op."

Discussies waarover?
„Het regelen van eeuwigdurende grafrust blijft een lastige kwestie. Begraafplaatsen verkopen grafrecht per tien jaar of zo. Dit grafrecht is vaak ook aan een tijdslimiet gebonden, waarna een graf wordt geruimd. Voor ons is dat onbestaanbaar. Wij laten onze doden eeuwig rusten."

En dus: godsdienstvrijheid botst met het beginsel van rechtsgelijkheid? Graven van niet-moslims worden geruimd, moslims moeten 'eeuwig betalen': zoiets valt moeilijk te organiseren.
„Op zichzelf hoeft dat geen probleem te zijn. Er zijn in Nederland tal van christelijke begraafplaatsen waarvoor ook eeuwigdurende grafrust geldt. Problemen ontstaan vaak waar gemeenten en de lokale moslimgemeenschappen elkaar te weinig hebben opgezocht en gesproken over begraafplaatsen en grafregels. Onbekendheid bij Nederlandse ambtenaren en gebrek aan bestuurlijke ervaring bij de moslimgemeenschappen levert nogal wat problemen op waarbij wij bemiddelen."

Bijvoorbeeld?
„Een brief dat een graf geruimd gaat worden, kan aankomen als een enorme schok. Dit had al vóór een begrafenis besproken moeten zijn. De familie had dan kunnen beslissen iemand z'n laatste rustplaats te geven op een van de twee islamitische begraafplaatsen in Nederland, in Utrecht of Almere."

Diverse hulpverleners heb ik horen zeggen: op de dood rust een taboe onder moslims. Men praat er niet of nauwelijks over.
„Taboe? Ik gebruik liever een ander woord: traditie. Gelovige moslims leven sterk met het besef dat alleen Allah kan beschikken over leven en dood. Wij zeggen nooit: 'helaas is hij te vroeg gestorven', of 'zij heeft de strijd verloren'. Zowel letterlijk als figuurlijk heeft een individu daarover weinig te

zeggen. Sterven en rouwen worden bovendien sterk binnen de eigen familie en moskeegemeenschap beleefd. Hulpverleners worden nogal buiten die kring gehouden. Nederlanders zeggen dan al snel: men kan er niet over praten. Maar het is meer: moslims delen hun gevoelens niet zomaar met iedereen, zoals Nederlanders gewend zijn dat te doen.

„Het is een kwestie van cultuurverschil die je ook wel rondom begrafenissen ziet. Wie de Nederlandse traditie gewend is, kan zich daarbij nogal ongemakkelijk voelen."

Ongemakkkelijk waardoor?

„Ik hoor vaak zeggen: zo'n moslimbegrafenis is onpersoonlijk, een mierenhoop waarin iedereen maar zo'n beetje door elkaar krioelt. Men beseft onvoldoende dat onze voornaamste rituelen dan al achter de rug zijn: lijkwassing; de dode in doeken wikkelen; het gebed voor de doden, salat al-janaza, in de moskee; permanent waken bij de dode tot de begrafenis.

„Ik hoor moslims ook wel zeggen: wat gaan Nederlanders toch onpersoonlijk om met hun doden. Je krijgt zo'n rare kaart thuisgestuurd, je krijgt niet eens persoonlijk van de familie een telefoontje dat iemand dood is. Ze leggen de dode in een mortuarium, die daar dagenlang alleen kan liggen. Ze houden een paar toespraken, ze drinken een kopje koffie na afloop – en klaar."

Onoverbrugbaar cultuurverschil?

„Ongetwijfeld zullen allerlei rituelen de komende decennia naar elkaar toe groeien. Ik zie moslims nu ook wel met bloemen naar een begrafenis komen. Traditioneel gezien is dat niet gepast, maar zoiets ontwikkelt zich vanzelf. Zoals je bij de uitvaart van autochtone Nederlanders ook steeds meer rituelen ziet die aan oosterse godsdiensten zijn ontleend."

Naam: Jan Groenhuijzen (1938-2011)

Woonde: in Tiel, met vrouw Joke. Zij kregen een zoon en een dochter en vier kleinkinderen.

Was: actief in de gemeentepolitiek van Tiel (zowel voor de PvdA als de lokale partij ProTiel) en diverse verenigingen en organisaties. Had tussen 1986 en 2003 een WAO-uitkering. Werkte als administrateur en later als procuratiehouder-aandeelhouder bij een bouwbedrijf.

Wat voorafging: Behandelingen tegen schildklierkanker, met uitzaaiingen in de longen, begonnen in 1986. Nadien ontwikkelde de ziekte zich grillig, met slechte en goede perioden.

Toeval bestaat niet, niets gebeurt zomaar

„De dokter in Utrecht noemt mij 'het wonder van Tiel'. Sinds medio jaren negentig is de kanker elke drie maanden gecontroleerd en zeker vijftien keer heb ik gedacht: nu begint de laatste fase. Maar ik heb dat nooit geaccepteerd en zeker nooit hardop gezegd. Mijn instelling is: ik leef met de dag en ga niet over de toekomst zitten tobben.

„Half februari was ik er heel slecht aan toe. De dokter zei: nu zijn je laatste weken aangebroken. Toen ik thuiskwam, heb ik meteen de burgemeester gebeld en gezegd dat ik uit de raad zou stappen. Ik wilde nog wel zelf afscheid kunnen nemen – anders zou ik later nog 's herdacht worden als ik dood was.

„Na het afscheid heb ik een week doodmoe op bed gelegen. Daarna zei ik tegen Joke: 'Als ik nu blijf liggen, weet ik zeker dat het snel is afgelopen, maar ik ga niet op m'n dood liggen wachten, morgen ga ik aan de slag.' Ze zei: 'Wat wil je doen dan?' Ik zei: 'Ik ga de bergen papier in m'n werkkamer opruimen en daarna zien we wel weer verder.'

„Massa's papier heb ik weggegooid en ik heb mappen gemaakt voor fractiegenoten. Intussen hebben we wekenlang mensen over de vloer gekregen: familie, vrienden, mensen uit de politiek, van verenigingen. Iedereen wilde nog persoonlijk afscheid komen nemen van Jan. Dat was vaak heel emotioneel. Maar Jan zelf nam geen afscheid, hij bleef.

„In april zagen we de dag naderen dat Joke en ik vijftig jaar getrouwd waren. We hadden niet gedacht dat ik 't nog zou halen, maar ik was aardig opgeknapt. We besloten nog één keer een groot feest te geven, op het terras van een restaurant. Honderddertig mensen hadden we uitgenodigd. Maar in de dagen daarvoor kreeg ik vreselijke ademnood. De huisarts kwam en zei: direct naar het ziekenhuis. Ik vertrok en we dachten allemaal dat ik niet meer zou thuiskomen. Toch zat ik een week later weer in m'n eigen stoel.

„Nu zijn we weer twee maanden verder. En ik voel me prima. M'n verjaardag hebben we gevierd. Volgende week gaan we een paar dagen met vakantie, naar een zorghotel in Brabant. En iedereen die afgelopen voorjaar afscheid kwam nemen, belt weer: zullen we nog 's langskomen? Daar hebben we over nagedacht, want we willen geen herhaling van al die visites. We hebben nu een partytent gekocht, die we hier naast onze flat door twee sterke mannen laten opzetten. Daarin ontvangen we groepen van tien, vijftien familieleden of vrienden. Maar wel één ding: afscheid nemen doe ik niet meer.

> Ik weet zeker dat we na de dood in een andere gedaante voortleven

„Voor de dood ben ik niet bang, want ik heb al gezien waarheen ik ga. Een therapeute heeft mij twaalf jaar geleden onder lichte hypnose gebracht. Ik lag op een wit bed in schitterend licht. Er stonden allemaal mensen zonder gezichten om mij heen – en ook een jongetje, dat wel een gezicht had. Eerst dacht ik: dat jongetje, dat ben ik zelf. Maar in de auto op weg naar huis wist ik opeens: dat is mijn kleinzoon! Op dat moment hadden we nog helemaal geen kleinzoon.
Ik kwam thuis en Joke zei: 'Onze dochter komt morgen langs.' Ik zei: 'Die komt vertellen dat ze zwanger is en we krijgen een kleinzoon, ik heb 'm al gezien.' Zo is het ook allemaal echt gelopen, hoewel we dat toen nooit aan onze dochter hebben verteld, want dat zou op dat moment een rare indruk hebben gemaakt.

„Ervaringen zoals deze heb ik mijn hele leven gehad. Ik

leef niet met God en de Bijbel, maar ik weet zeker dat we na de dood in een andere gedaante voortleven, zoals ik ook elke dag contact heb met mijn schoonvader, die al dertig jaar dood is en altijd mijn beste adviseur is gebleven.

„Niets in dit leven gebeurt zomaar en toeval bestaat niet. Wie de grote regisseur is en hoe dat werkt? Geen idee. Maar dat wij onderdeel zijn van een grotere werkelijkheid dan wij zelf kunnen waarnemen, daarvan ben ik absoluut overtuigd. Die gedachte geeft me rust en maakt me nieuwsgierig naar wat hierna komt."

Jan Groenhuijzen overleed op 25 juli 2011. Zijn vrouw Joke: „Het laatste half jaar van zijn leven dacht ik vaak: wanneer gaat het gebeuren? En dan opeens is het moment daar. 's Middags zaten we nog samen in de auto, op de terugweg van een paar dagen weg. Diezelfde nacht stond ik aan zijn sterfbed. Het was niet te bevatten. Na een heel mooi afscheid is het stil geworden in huis. Jan was er altijd. Hij was een sterke, positieve man."

Naam: Johan van Breukelen (1952-2012)

Woonde: in Utrecht, met Hendrik, bijna veertig jaar zijn partner. Zij kregen drie kinderen (samen met twee vrouwenstellen): een zoon en twee dochters.

Was: beeldend kunstenaar, tekstschrijver, leidde de Stichting Mannenwerk, voor 'persoonlijke groei van mannen'

Wat voorafging: Hoorde in september 2011 dat darmkanker, eerder bestreden, weer de kop had opgestoken, met uitzaaiingen in de longen. Prognose: geen kans op genezing, onbekend hoelang nog te leven. Begin 2012 werd een hersentumor verwijderd.

Balanceren op de scheidslijn

Johan van Breukelen sprak in februari 2012 – op uitnodiging van voorganger Jan Andreae – in De Duif, 'open oecumenische gemeenschap' in Amsterdam. De dienst had als thema: 'Over de naderende dood'. Zijn kinderen Thijs en Nina zongen het lied 'Luchtkasteel', waarvan hij zelf de tekst schreef.

Vaak gaat een kerkdienst aan een begrafenis vooraf. De dode is erbij – als lichaam in een kist. Was dit alvast zijn uitvaartmis? Hoewel niet als zodanig bedoeld, kan het wel zo zijn beleefd. In ieder geval gaf Johan van Breukelen zijn visie op de dood en vooral op het leven. Hier volgt, verkort, de tekst die hij in De Duif uitsprak.

'Hoe kun je op zo'n manier bij het proces van de naderende dood aanwezig zijn dat het iets is wat gevierd kan worden?'
Eckhart Tolle

'Leven met het besef van eindigheid is mij niet onbekend. Ruim twintig jaar geleden ben ik als begeleider intensief betrokken geweest bij groepen rondom HIV en aids. Ik zag dat veel mensen, met de dood voor ogen, intensiever en bewuster gingen leven. Ze waren in staat het alledaagse gedoe te ontstijgen en contact te maken met datgene waar het écht om gaat.

Overal ontstonden netwerken van concrete liefde: van mensen die voor elkaar gingen zorgen, elkaar wilden dragen. Toen heb ik geleerd wat het betekent „te zijn met wat er is" en „te doen wat je te doen staat". Ik heb de potentie ervaren die in mensen zit als het werkelijk erop aankomt. Hier heb ik opnieuw besloten dat ik niet eerst de dood aangezegd hoef te krijgen om met meer bewustzijn te leven.

In die zin leef ik m'n halve leven al met de naderende dood, zoals we dat in wezen allemaal zouden kunnen doen. Het enige verschil is dat die mij nu letterlijk is aangekondigd, waardoor alles wat urgenter lijkt. Deze aankondiging van mijn sterven zie ik, zoals het hele leven, als een oproep om te functioneren en te creëren. Gewoon: de mogelijkheden zien en die benutten, tot de laatste zucht.

> De naderende dood is voor mij niet zwaar of beangstigend

Hoe kun je op zo'n manier met de naderende dood omgaan dat je ermee kunt leven en die kunt vieren? Alleen al het stellen van deze vraag geeft mij energie. Het opent een nieuwe weg – en niet alleen voor mij, ook voor iedereen die ermee te maken krijgt, of je nu ziek bent, binnenkort doodgaat, of nog even gezond achterblijft. Voor ons allemaal dus – niemand uitgezonderd!

In onze samenleving zijn mensen vaak verontwaardigd of geschokt wanneer iemand ongeneeslijk ziek blijkt te zijn en sterft. Alsof het iets is wat niet zou mogen gebeuren. Bij ons is de dood niet meer zo vertrouwd als in andere culturen. In het dagelijks leven wordt de dood vaak ontkend. Het dode lichaam wordt verborgen, weggemoffeld. In India kun je zien hoe men doden door de straten draagt en in het openbaar verbrandt. Voor ons is dat gruwelijk.

De naderende dood is voor mij niet beangstigend, zwaar, verdrietig, of onbarmhartig. Ik voel me bevoorrecht en gezegend dat ik tijd en ruimte heb gekregen me erop voor te bereiden. Ik probeer bevriend te zijn met wat zich aandient, met wat voorbijkomt in mijn leven. Mijn lichaam wordt steeds meer aangetast, sowieso al door te leven, en nu ook door de kanker. Wanneer het fysieke ongemak gaat toenemen, zal ik daaraan nog best een klus krijgen. Mijn lichaam zal uiteindelijk aftakelen en vergaan. Alles wat leeft en vorm heeft, gaat voorbij. Als je niet te veel vasthoudt aan die vormen ontstaat daarachter ruimte, en eeuwigheid.

Het lijkt hier over de dood te gaan, maar het gaat natuurlijk om het leven, nu. Ik haal, zoals altijd, energie en plezier uit het creëren van beelden en teksten, uit ontmoetingen, uit samenwerking met andere kunstenaars. Zoals bij mijn project 'Luchtkasteel', een fragiel bouwwerk van aangespoeld materiaal, dat kan doorgaan met „zingen in de wind", ook als „ik" er niet meer ben.

Ik maak plannen voor de nabije toekomst en ben tegelijkertijd op elk moment bereid het leven los te laten. Op die scheidslijn balanceer ik. Dat voelt avontuurlijk, spannend, een beetje gevaarlijk, en vooral: heel levendig. En dat levendige maakt het ook feestelijk. Ik kan het iedereen aanraden.'

Johan van Breukelen is op 24 augustus 2012 thuis gestorven. Zijn partner Hendrik: „Onze huisarts had voorspeld dat Johan geleidelijk in coma zou raken en dan in zijn slaap zou overlijden. 'Ik dacht het niet', zei Johan, 'ik wil er wel bij zijn'. Tot op het laatst was hij helder, geestig en nieuwsgierig. Tot in de laatste minuten hebben we nog met elkaar kunnen communiceren. Toen pakte hij mijn handen stevig beet, keek me aan, keek toen naar buiten, verliet zijn lichaam en vloog weg. Voor onze kinderen en mij was het een wonderbaarlijk gebeuren om erbij te zijn – alles overstijgend en bemoedigend."

Naam: Theo Jonkergouw (1941-2012)

Woonde: in Leiden, met zijn vrouw Mirjam

Was: gepensioneerd. Werkte als directeur van verschillende non-profitorganisaties (o.a. de VARA en het Koninklijk Instituut van Ingenieurs) en als zelfstandig consultant, coach en mediator.

Wat voorafging: In juni 2011 kwam, door onderzoek na bloed in de urine, een agressieve vorm van nierkanker aan het licht, uitgezaaid naar lever en lymfeklieren.

Ik voel me als een deserteur

„Een week of tien geleden werd mijn doodvonnis geveld, bij de uitslag van een CT-scan. Nooit had ik pijn gevoeld. Signalen van ziekte had ik tot die tijd niet gekregen. En dan, opeens, pats: het eind is in zicht, het zal een kwestie van hooguit enkele maanden zijn.

„Bij mezelf was er onmiddellijk sprake van acceptatie. De dood hoort bij het leven. Ik heb mezelf nooit tegen het leven verzet, waarom zou ik me dan tegen de dood verzetten? Soms lees je in een rouwadvertentie dat iemand 'de ongelijke strijd' heeft verloren. Hoezo ongelijk? Hoezo strijd? Mijn levenshouding is een andere. Ik denk niet in termen van winnen en verliezen. Ik buig mee als het riet. Wat je als mens niet kunt beïnvloeden, kun je maar beter accepteren.

„Met acceptatie heb ik geen moeite. Adaptatie vind ik lastiger: ik moet me aanpassen aan tumoren die de regie over m'n leven overnemen. Steeds moet ik denken: o nee, die reis kunnen we niet meer maken, die boeken zal ik niet meer schrijven, hem of haar zal ik nooit meer zien. Voortdurend moet ik mijn ambitieniveau terugschroeven. Zie ik deze waterlelies nu voor het laatst bloeien? Het voelt als *fading out*.

„Maar echt mijn allergrootste verdriet is: Mirjam achterlaten. Ik moet degene loslaten die ik het meest liefheb van iedereen en alles in mijn leven. Het voelt als een loyaliteitsconflict. Ik voel me een deserteur, ik laat haar in de steek. Mirjam zegt: 'Straks alleen zijn is niet aanlokkelijk, maar zonder jou zijn is onverdraaglijk.'

„Eind volgende week zijn we precies 25 jaar samen. Onze gedachten en gevoelens, onze ideeën en problemen delen we met elkaar. Het avondeten kan bij ons urenlang duren. Eindeloos zijn we met z'n tweeën in gesprek aan ons keukentafeltje. Vanaf de eerste dag hebben we een Amor-boek bijgehouden, met alle data en adressen in de wereld waar we samen hebben geslapen.

„Ook praktisch gezien krijgt Mirjam straks een heel ander leven. Zij is zeventien jaar jonger dan ik en heeft een druk bestaan. Ik heb in 2002 heel bewust gekozen voor een minder hectisch leven. De zorg voor ons gezamenlijke huishouden is grotendeels mijn taak geworden: boodschappen doen, koken, de loodgieter bellen, noem maar op. Een van de eerste dingen die ik heb gedaan na het slechte nieuws was: een document 'In en om het huis' voor Mirjam maken. Zij heeft deze taken meteen overgenomen en ik begeleid haar bij de uitvoering.

‘Er is opeens zo veel dat je moet regelen, uitzoeken, doormaken’

„Ik heb weleens gelezen: kanker heb je samen. En: kanker is hard werken. Dat ervaren Mirjam en ik nu elke dag. De ene afspraak in het ziekenhuis volgt op de andere. Er is opeens zo veel dat je moet regelen, uitzoeken, bespreken, ondergaan, doormaken. Dat is niet alleen een kwestie van tijd, maar ook van intensiteit. De gesprekken met elkaar, met familie en vrienden, ontmoetingen met mensen die ik voor de allerlaatste keer zie, wachten op uitslagen van onderzoek: het zijn intense ervaringen die spanningen en een vermoeidheid met zich meebrengen die ik eerder nooit zo heb ervaren.

„Mirjam en ik huilen veel samen. Maar we genieten ook van prachtige momenten. We proberen kwaliteitstijd te maken van de weinige tijd die wij nog hebben. Op een middag kunnen we nu zomaar een tijd met elkaar in bed liggen, wat eerder niet op die manier in ons dagelijks leven paste. Dat geeft een bijzonder gevoel van geborgenheid en intimiteit.

„Een half jaar geleden, voordat we wisten van mijn ziekte, hadden we al iets nieuws ingevoerd: 'vieren op vrijdagavond.' Ik dek de tafel extra feestelijk met lekkere wijn en hapjes. Dan nemen we de goede en mooie dingen door die we zelf en onze dierbaren in de afgelopen week hebben meegemaakt. Ondanks alles hebben we nog steeds veel positieve ervaringen om dankbaar voor te zijn.

„We hebben er inmiddels voor gezorgd dat ik kan overlijden in een hospice, waar Mirjam dag en nacht bij me kan zijn. Het geeft ons rust dat we ook straks van goede zorg verzekerd zijn. Eén cadeau willen we elkaar nog geven: een rugzakje met daarin een liefdesbrief en symbolen van dierbare herinneringen aan elkaar. Het enige wat nu nog telt, is liefde."

Theo Jonkergouw overleed op 9 mei 2012. Zijn vrouw Mirjam Sprangers: „Theo en ik hadden een jaar van intens verdriet en geluk, totdat hij te ziek werd en niet meer aanspreekbaar was. Hij heeft negen dagen in een hospice gelegen en is daar overleden. Theo heeft mij tijdens zijn ziekte een groot geschenk gegeven: 'columns' over zijn leven. Tot mijn verbazing is mijn leven niet ondraaglijk. Ik voel vooral onze liefde en dankbaarheid daarvoor, naast gemis en verdriet."

Namen: Ank van Rijsbergen (1964)
over Ger Roovers (1962-2012)

Hij: overleed op 20 april 2012, door longkanker, in Breda. Hij was manager van ontwikkelingsprojecten. Zijn vrouw Lian is kunstenares. Zij kregen twee zonen.

Zij: is een vriendin, al sinds de middelbare school. Ook zij woont in Breda. Ze is hoofd van de afdeling radiologie van een ziekenhuis in haar woonplaats.

Zijn levenskunst wil ik doorgeven

Dit hoofdstuk is anders dan de meeste andere. Hier komt iemand aan het woord die niet zelf vertelt over zijn of haar eigen 'leven en sterven'. Het komt door een e-mail, van Ank van Rijsbergen. Ze schrijft: 'Recent is een vriend van mij overleden. Van heel dichtbij heb ik zijn twee laatste jaren meegemaakt. Ik voel me aan hem verplicht zijn levenskunst voor het voetlicht te brengen. Hoe vrij en bevrijdend hij was. Hoe hij een bron van inspiratie kan zijn voor ieder mens die ooit z'n laatste levensfase bereikt. Mag ik over hem vertellen?'

Dat mag. Ze zegt: „Zoals Ger heeft geleefd, zoals hij wist om te gaan met z'n ziekte, met z'n levenseinde – dat is zo indrukwekkend geweest, dat wil ik doorgeven, delen met andere mensen.

„Hij zei altijd: ik voel me vrij, ik leef op eigen kracht. Dat klinkt onthecht, maar hij belichaamde het tegendeel. Hij was een organisator, een verbinder.

„Ger was de spil in onze vriendengroep. Hij organiseerde fietstochten, feesten. Hij was wezenlijk geïnteresseerd in iedereen om 'm heen, wilde steeds weten: 'Hoe gaat het met jou? Waarom vind je dat moeilijk? Wil je dat echt?' En altijd stelde hij vragen op een manier die niet oordelend was, en al helemaal niet veroordelend. Wezenlijke interesse, oprechte nieuwsgierigheid dreef hem.

„Op 23 april 2010 kreeg hij de diagnose 'longkanker met uitzaaiingen, niet meer te genezen'. Nooit heeft hij gerookt, altijd gezond geleefd, een sportieve, mooie man. En nooit heeft hij gezegd: 'Waarom ik? Hoe kan mij dit toch treffen?'

„Ger was zichzelf, hij bleef zichzelf. Zijn ziekte was er de afgelopen twee jaar altijd, maar die domineerde zijn leven niet. Ger is nooit patiënt geweest.

„Door mijn werk, en door ervaringen in mijn eigen leven, heb ik vaak gezien hoe mensen in de rol van afhankelijke patiënt kunnen terechtkomen. Dat bedoel ik absoluut niet denigrerend, integendeel. In de zorg wordt tegenwoordig vaak gezegd: 'de patiënt moet de regie voeren over z'n eigen ziekte.' Ik vind dat nogal snel gezegd. Niet iedereen is zomaar in staat te kiezen hoe hij zich gedraagt onder zware omstandigheden. Dat vergt tijd, bewustwording, weten wie je bent. Daarom zeg ik liever: patiënt en behandelaars moeten eerst durven stil te staan bij de individuele mens, om dan samen afwegingen te maken, keuzes maken.

> Hij zei altijd: ik voel me vrij, ik leef op eigen kracht

„Ger heeft voor mij zichtbaar gemaakt, tastbaar gemaakt hoe je kunt doorgaan met leven terwijl je weet dat je binnen afzienbare tijd zult doodgaan. Als er een 'Ziekwijzer' bestond, zoals er een Kijkwijzer bestaat, dan zou Ger voor velen een inspiratiebron zijn. Daarom wil ik hier zo graag over hem vertellen.

„Hij vertrouwde geheel op de behandelingen die de longarts hem voorstelde. Hij toonde geen twijfel, had geen behoefte aan second opinion. Tegelijk onderging hij al die zware behandelingen geen moment als een slachtoffer. Hij maakte er werk van, bij wijze van spreken: zag ze als een uitdaging, zoals een zware fietstocht. Waarbij hij steeds wilde weten: 'Waarom doen we dit? Zijn er alternatieven? Wat staat me te wachten?'

„Zoals wij hem kennen in onze vriendengroep, zo was hij ook in zijn contacten met zijn behandelaars: 'Wij doen dit samen.' Hij wist een relatie op te bouwen waarin hij écht contact met hen zocht: van de artsen en verpleegkundigen

wilde hij weten hoe zij hun werk ervaren, wat ze zwaar vinden, waarmee ze worstelen.

„Hij begreep dat medisch handelen z'n grenzen kent. Hij was een strijder, maar zijn ziekte zag hij niet als een strijd. 'Als de ziekte met mij kan leven, kan ik met mijn ziekte leven', zei hij. Hij bleef intens leven – mét, en niet ondanks de ziekte.

„In februari hebben Ger en Lian nog een groot feest gegeven omdat ze toen 33 jaar samen waren. Tegelijk besefte iedereen: dit is een afscheidsfeest. Voor velen was het de laatste keer dat ze Ger hebben gezien. Dat was moeilijk. Maar zwaar was het niet. Onder alle, vaak loodzware omstandigheden zijn Ger en Lian in staat gebleven een sfeer van lichtheid vast te houden.

„Ger zei steeds: 'Ik ben straks helemaal vrij, ik ga een nieuw avontuur tegemoet.' Hij wilde dat beeld niet verder invullen. Hoezo vrij? Welk avontuur? 'Dat wil ik niet weten', zei hij dan, 'ik laat me verrassen.'

„Niemand kan voorspellen hoe je reageert wanneer je ooit zelf de fase moet doormaken waar Ger doorheen is gegaan. Maar ik weet zeker dat ik dan aan hem zal denken, dat ik veel steun en kracht zal ontlenen aan zijn voorbeeld. Die levenskunst wil ik doorgeven."

Naam: Yvonne Eliesen (1959-2011)

Woonde: in Den Haag, met dochter Rosa Linde en zoon Mees

Was: communicatie-adviseur bij de ANWB. Studeerde museologie.

Wat voorafging: Borstkanker, eind 2007 geconstateerd, werd bestreden met een operatie, bestralingen en chemokuren. In het voorjaar van 2010 kwamen uitzaaiingen in de lever aan het licht.

Vandaag ben ik wie ik wilde zijn

„Het gebeurde half maart ongeveer. Ik werd wakker en ik dacht: ik ga helemaal niet dood, ik blijf leven! Vanaf vandaag ben ik wie ik altijd al wilde zijn: een kunstenaar, een schrijver. Ik ben weer aan de slag gegaan met textiel en een beetje met glas. En vooral: ik ben gaan schrijven. Verhalen, over mijn leven, mijn ziekte, over relaties. Gedichten. Ik laat me niet meer afremmen door de gedachte: wat zullen anderen er wel niet van denken?

„Vlak voor de afgelopen Kerst was ik ten dode opgeschreven. De oncoloog zei: 'Je reageert niet meer op de medicijnen, de laatste fase van je leven is begonnen.' Een paar dagen later belde hij: 'Er is een chirurg die een leveroperatie aandurft.' Eind januari ging ik onder het mes. Tweederde van mijn lever werd weggesneden. Al na een paar weken ging ik me beter voelen. Op scans was de kanker niet meer te zien.

„Ik ging het levenspad weer op, terwijl ik voor m'n gevoel het pad naar de dood al bijna helemaal had afgelegd. Geen moment had ik me tegen de dood verzet. Vorige zomer heb ik een grafje gekocht. Samen met de kinderen heb ik besloten dat ik word gecremeerd, waarna de as in een blikje wordt begraven. De kinderen hebben dan een plek waar ik er nog voor hen ben. Voor het graf heb ik een kunstwerk ontworpen. Dat wordt binnenkort geplaatst, zodat we het met elkaar nog kunnen zien. Dan toosten we op ons mooie leven samen.

„Het scenario voor mijn uitvaart had ik in augustus klaar. Ik heb het speciaal voor mijn kinderen, hun vrienden en een groot aantal dierbaren samengesteld. Ik heb teksten geschreven die een professionele spreker zal voordragen. Ik heb muziek gekozen waarvan mijn kinderen houden: licht, luchtig, soms vrolijk. Ik heb zelfs een mooie belichting voor mijn kist bedacht, met olijfbomen eromheen en één bijzonder bloemstuk op de kist. Daarna is er gebak dat ik zelf zo lekker vond. Het zou fijn zijn als iedereen na afloop zegt: dat was helemaal Yvonne – zó was ze, dit heeft ze ons willen geven.

„Met hulp van een stervensbegeleider heb ik het verhaal van mijn leven op dvd vastgelegd. Het is een film van vier uur geworden. Het gaf zo'n rust toen ik ermee klaar was in oktober. Eerder dacht ik: dit of dat moet ik mijn kinderen nog vertellen of meegeven. Nu denk ik: ik heb het voor de film allemaal verteld, later zullen ze het horen, als ze eraan toe zijn.

> De verrassing van die extra maanden had ik niet willen missen

„De hoop dat ik toch langer te leven heb, is na een maand of drie alweer de kop ingeslagen. Het resterende deel van mijn lever zit weer vol met kanker. Eerst wilde ik niet meer aan chemokuren beginnen. Nu denk ik: kom maar op! Het cadeau van de afgelopen extra maanden had ik niet willen missen. Misschien volgt er weer zo'n verrassing. Tegelijk ben ik realistisch. Ik besef dat aan deze ziekte uiteindelijk niet te ontkomen valt.

„De kinderen gaan straks naar mijn ex-man. Tien jaar geleden zijn we gescheiden. De scheiding is vreselijk geweest, maar gelukkig is er in de relatie met hem een nieuw evenwicht ontstaan. Dat geldt niet voor de relatie met mijn ex-vriend. Acht jaar geleden zijn we gaan samenwonen en een jaar geleden heb ik hem letterlijk het huis uit gezet. Hij begon te rommelen met een andere vrouw. Ik was ziek geweest, verzwakt, had een geschonden lichaam na de borstoperatie. Zoiets heeft natuurlijk ook gevolgen voor seksualiteit.

Iemand gaf me in die tijd het boek *Komt een vrouw bij de dokter* van Kluun – dat was niet zo subtiel... Ik stelde voor dat hij en ik naar een relatietherapeut zouden gaan, maar dat weigerde hij. Wat, een therapeut? Hij was toch niet gek?! En ach, die andere vrouw, hij had toch ook de steun van iemand nodig als ik er niet meer zou zijn?

„Dat ik doodga, heb ik kunnen accepteren. Maar nog steeds ben ik woedend dat hij mij en de kinderen heeft laten stikken. Zo voel ik dat. Ik heb erover gepraat met mijn oncoloog, met verpleegkundigen en met een therapeut. Allemaal zeiden ze: dit horen wij zó vaak. Veel mannen willen dat een vrouw drie dingen levert en verder niks: verzorging, bewondering en seks.

„Ik schrijf nu een boek over het laatste jaar van mijn leven. Het wordt een optimistisch en positief boek, met één zwarte bladzijde."

Yvonne Eliesen overleed op 14 oktober 2011. In het volgende hoofdstuk: een beschouwing naar aanleiding van haar dood.

In de rubriek 'Het laatste woord' praten mensen over hun laatste levensfase. Daaronder staat wekelijks een necrologie van een niet per se bekende persoon.

Vandaag ben ik wie ik wilde zijn

Naam: Yvonne Eliesen (1959)

Woont: in Den Haag, met haar dochter Rosa (15) en haar zoon Mees (12)

Was: Communicatie-adviseur bij de ANWB. Studeerde museologie.

Wat voorafging: Borstkanker, eind 2007 geconstateerd, werd bestreden met een operatie, bestralingen en chemokuren. In het voorjaar van 2010 kwamen uitzaaiingen in de lever aan het licht.

„Het gebeurde half maart ongeveer. Ik werd wakker en ik dacht: ik ga helemaal niet dood, ik blijf leven! Vanaf vandaag ben ik wie ik altijd al wilde zijn: een kunstenaar, een schrijver. Ik ben weer aan de slag gegaan met textiel en een beetje met glas. En vooral: ik ben gaan schrijven. Verhalen, over mijn leven, mijn ziekte, over relaties. Gedichten. Ik laat me niet meer afremmen door de gedachte: wat zullen anderen er wel niet van denken?

„Vlak voor de afgelopen Kerst was ik ten dode opgeschreven. De oncoloog zei: je reageert niet meer op de medicijnen, de laatste fase van je leven is begonnen. Een paar dagen later belde hij: er is een chirurg die een leveroperatie aandurft. Eind januari ging ik onder het mes. Tweederde van mijn lever werd weggesneden. Al na een paar weken ging ik me beter voelen. Op scans was de kanker niet meer te zien.

„Ik ging het levenspad weer op, terwijl ik voor m'n gevoel het pad naar de dood al bijna helemaal had afgelegd. Geen moment had ik me tegen de dood verzet. Vorige zomer heb ik een grafje gekocht. Samen met de kinderen heb ik besloten dat ik word gecremeerd, waarna de as in een blikje wordt begraven. De kinderen hebben dan een plek waar ik nog voor ze ben. Voor het graf heb ik een kunstwerk ontworpen. Dat wordt binnenkort geplaatst, zodat we het met elkaar nog kunnen zien. Dan toasten we op ons mooie leven samen.

„Het scenario voor mijn uitvaart had ik in augustus klaar. Ik heb het speciaal voor mijn kinderen, hun vrienden en een groot aantal dierbaren samengesteld. Ik heb teksten geschreven die een professionele spreker zal voordragen. Ik heb muziek gekozen waarvan mijn kinderen houden: licht, luchtig en soms vrolijk. Ik heb zelfs een mooie belichting voor mijn kist bedacht, met olijfbomen er omheen en één bijzonder bloemstuk op de kist. Daarna is er gebak dat ik zelf zo lekker vond. Het zou fijn zijn als iedereen na afloop zegt: dat was helemaal Yvonne – zó was ze, dit heeft ze ons willen geven.

„Met hulp van een stervensbegeleider heb ik het verhaal van mijn leven op dvd vastgelegd. Het is een film van vier uur geworden. Het gaf zo'n rust toen ik ermee klaar was in oktober. Eerder dacht ik: dit of dat moet ik mijn kinderen nog vertellen of meegeven. Nu denk ik: ik heb het voor de film allemaal verteld, later zullen ze het horen, als ze eraan toe zijn.

„De hoop dat ik toch langer te leven heb, is na een maand of drie alweer de kop ingeslagen. Het resterende deel van mijn lever zit weer vol met kanker. Eerst wilde ik niet meer aan chemokuren beginnen. Nu denk ik: kom maar op! Het cadeau van de afgelopen extra maanden had ik niet willen missen. Misschien volgt er weer zo'n verrassing. Tegelijk ben ik realistisch. Ik besef dat aan deze ziekte uiteindelijk niet te ontkomen valt.

„De kinderen gaan straks naar mijn ex-man. Tien jaar geleden zijn we gescheiden. De scheiding is vreselijk geweest, maar gelukkig is er in de relatie met hem een nieuw evenwicht ontstaan. Dat geldt niet voor de relatie met mijn ex-vriend. Acht jaar geleden zijn we gaan samenwonen en een jaar geleden heb ik hem letterlijk het huis uitgezet. Hij begon te rommelen met een andere vrouw. Ik was ziek geweest, verzwakt, had een geschonden lichaam na de borstoperatie. Zoiets hoeft natuurlijk ook gevolgen voor seksualiteit. Iemand gaf me in die tijd het boek *Komt een vrouw bij de dokter* van Kluun – dat was niet zo subtiel... Ik stelde voor dat hij en ik naar een relatietherapeut zouden gaan, maar dat weigerde hij. Wat, een therapeut? Hij was toch niet gek?! En ach, die andere vrouw, hij had toch ook de steun van iemand nodig als ik er niet meer zou zijn?

„Dat ik doodga, heb ik kunnen accepteren. Maar nog steeds ben ik woedend dat hij mij en de kinderen heeft laten stikken. Zo voel ik dat. Ik heb erover gepraat met mijn oncoloog, met verpleegkundigen en met een therapeut. Allemaal zeiden ze: dit horen wij zó vaak. Veel mannen willen dat een vrouw drie dingen levert en verder niks: verzorging, bewondering en seks.

„Ik schrijf nu een boek over het laatste jaar van mijn leven. Het wordt een optimistisch en positief boek, met één zwarte bladzijde."

Tekst & foto
GIJSBERT VAN ES

Wie wil meewerken aan deze rubriek kan een e-mail sturen naar laatstewoord@nrc.nl.
Twitter: #hetlaatstewoord

De dageraad
Rammelt en klopt
In alle hevigheid aan mijn deur
En roept mij:
Sta op, uit je ruw houten kist
Bekleed met grof, grijs katoen
Vergeet je graf
Omringd door het geruis
Van hoge bomen
Waarin het geluid van de zee
Opgesloten ligt

Kijk naar je kinderen
Die hunkeren naar hun moeder
Jij bent weer hun moeder!
Hun ogen gericht
Op een toekomst
Waarin jaren
En niet maanden
Van samenzijn wachten

Zij die eerst loodzwaar
Nu weer veder licht
Lijken te dansen
Jouw kinderen!

Open je ogen
Reik hun je hand
Houd hen vast
En kom mee
Op dat pad vol hobbels
Dat leven heet

Waar verdriet, pijn,
Warmte en geluk,
Leven heet

Yvonne, 30 maart 2011

De nacht
Dendert hier
Met haar diep
Donkere wolken
Keihard naar binnen
En overvalt me
In mijn slaap.
Weg zoete dromen
Onzekerheid overheerst

Yvonne, april 2011

Laten we je voortaan
Judas noemen
Je eigen naam
Vergeten

Het dekt zoveel beter
Het afschuwelijke gevoel
De zware lading
Van je verraad

Een Judas
Dat ben je
Levenslang
Veroordeeld
Tot schaamte

Yvonne, 7 mei 2011

In het vorige hoofdstuk vertelde Yvonne Eliesen dat ze nog een boek over haar leven wilde schrijven, mede als hart onder de riem voor ernstig zieke vrouwen die door hun partner worden verlaten. Ze voltooide het boek, titel: *Wat ik nog op mijn lever heb. Kanker, liefde en verlies*. De boekpresentatie werd tevens haar uitvaart.

Gedachten bij een aangekondigde dood

Extra tijd voor boek met een missie

Maandagavond om 20.12 uur ontving ik deze e-mail: 'Lieve vrienden, (...) Yvonne neemt dinsdagmorgen om half elf afscheid van haar kinderen en van het leven.'

Mijn lichaam reageerde met een rilling: euthanasie, morgenochtend, 10.30 uur – wil ik dat weten?

Ik heb weleens twee stralende ouders horen vertellen waar en hoe en wanneer zij hun kind hadden verwekt. Ik vond dat ongemakkelijk: intimiteit werd opeens banaal, ik voelde me alsof ik naar een goochelaar luisterde die z'n verdwijntruc nog 's heel langzaam voordeed.

Zou ook het einde van het leven, net als het begin, zich maar beter in de kleinst mogelijke kring van geliefden moeten afspelen? Ik dacht na en antwoordde mezelf. Nee. Zei ik daarmee ja? Nog niet.

De e-mail over Yvonne vervolgde: 'Zij wil jullie (...) nog heel graag dit zeggen: 'Ieder van jullie is voor mij bijzonder geweest, en ieder van jullie op een heel eigen en specifieke manier. Het maakte niet uit hoe vaak of hoe weinig we elkaar zagen, hoelang we elkaar spraken; afstand en tijd speelden geen rol. Het moment telde, de ontmoeting.

'Nu dan het afscheid. Ik weet dat sommigen van jullie in

gedachten bij me willen zijn als ik aan mijn laatste reis begin. Dat is een enorme steun voor mij. Het voelt alsof ik niet alleen hoef op te breken. Het voelt alsof we samen op reis gaan. Het voelt alsof ik me mag laten dragen op jullie aller handen. (...) Liefs Yvonne.'

Ik sprak Yvonne vier maanden eerder, 15 juni 2011. Op 21 maart had ze me een e-mail gestuurd. Ze schreef dat ze omstreeks de jaarwisseling al afscheid had genomen van haar dierbaren, maar dat er opeens toch een chirurg bleek te zijn die het aandurfde haar te opereren aan haar levertumor. Ze doorstond de operatie en onderging bestralingen. Glansrijk.

Genezen was zij niet, maar in maart voelde zij zich beter dan sinds lange tijd en ze had extra tijd gekregen. Maanden, jaren? Haar artsen hadden geen idee. 'Ik was helemaal klaar om te sterven, maar nu ben ik bezig mijn leven weer op te pakken', mailde zij. 'Mijn laatste woord is opeens geen laatste woord meer. Past dat ook in de rubriek?'

> Het voelt alsof ik me mag laten dragen op jullie aller handen

Ik antwoordde dat ik haar graag wilde ontmoeten. 'Mag ik contact opnemen wanneer ik een keer geen afspraak heb kunnen maken met iemand die nog maar kort te leven heeft?' Ik herinner me dat ik had geworsteld met de formulering van deze zin. Zou zo'n vraag ongepast kunnen overkomen? Een ogenblik geduld alstublieft, er zijn nog enkele stervenden voor u... De toon van Yvonnes eigen mail deed me besluiten dat 't kon: zelf schreef ze ook in directe bewoordingen.

In mei maakten we een afspraak, voor de derde woensdag van juni. Door vakantie moest ik enkele afleveringen iets langer van tevoren plannen – zo basaal is het dagelijks leven ook in geval van een serie over de dood. Een week later mailde ze dat ze toch weer pijnklachten had en dat ze op 9 juni de uitslag van nieuw onderzoek zou krijgen.

Het gevoel 'vrij van kanker' te zijn had nog geen drie maanden geduurd. Bij onze ontmoeting in juni had ze net besloten een volgende reeks chemokuren te ondergaan. 'Ik schrijf nu een boek over het laatste jaar van mijn leven', zo eindigt het stuk dat op 18 juni in de krant stond. 'Het wordt een optimistisch en positief boek, met één zwarte bladzijde.'

Die zwarte bladzijde had betrekking op een missie die zij in de extra tijd van haar leven nog wilde volbrengen. Zij schreef een boek voor mannen en (vooral) vrouwen die door hun partner worden verlaten zodra een chronische of terminale ziekte hun relatie onder druk zet. Het was haar zelf overkomen. In gesprekken met artsen en verpleegkundigen hoorde ze over lotgenoten: 'Dit horen wij zó vaak.'

Medici en hulpverleners moesten meer oog krijgen voor dit verborgen leed. De weg naar gespecialiseerde relatietherapeuten zou makkelijker te vinden moeten zijn. Die weg wilde Yvonne met haar boek vrij maken.

In de afgelopen maanden bleef ik aangesloten op de e-mails die Yvonne in haar vriendenkring verspreidde, waarin ze zowel de vorderingen van haar boek als van haar ziekte beschreef. De spanning liep op, met telkens ook die vraag: zou ze het boek kunnen afmaken?

Een vriendin mailde twee weken geleden dat Yvonne het boek had afgerond en dat haar laatste dagen nu echt waren aangebroken. Gisteren sprak ik deze vriendin per telefoon. Yvonne heeft de drukproeven nog gezien. Het boek is vrijdag van de drukpers gerold. De vriendin vraagt: 'Zou je erover willen schrijven?' Ik denk even na. Wil ik een bijdrage leveren aan Yvonnes missie? Het antwoord is: ja – deze.

Yvonne Eliesen overleed op 14 oktober 2011. Haar dochter, Rosa Linde Bovenkerk: „Mijn moeder had alles van tevoren gepland: de plek waar ze opgebaard lag, haar uitvaart en haar mooie grafje. Wat ze natuurlijk niet kon plannen, is hoe het leven van mijn broertje en mij toen verder ging. Ze heeft ons wel geleerd altijd positief te blijven. Op deze manier kun je je overal doorheen slaan. Op moeilijke momenten probeer ik dit in gedachten te houden, omdat ik weet dat zij me dat aangeraden zou hebben. Ze was een geweldige, lieve moeder en ik zal haar altijd kunnen vinden in de sterrenhemel of in mijn hart.

Tussen de sterren,
Bij de ronde maan,
Daar ben jij,
En druk je me dicht tegen je aan."

Naam: Corrie van der Kolk (1925-2011)

Woonde: in Opperdoes (bij Medemblik), alleen. Ze had „een grote familie en veel vrienden".

Was: verpleegkundige. Werkte in ziekenhuizen op verschillende plekken in Nederland. Tussen 1949 en 1970 was zij non.

Wat voorafging: Een bekkenbreuk, eind juli 2009, vormde een keerpunt in haar leven.

Help mij, ik wil waardig sterven

„Ik vind dat mijn leven voltooid is. Maar ik wil niet zelf uit het leven stappen. Ik wil het ethisch netjes doen, met hulp van een arts. Maar artsen zeggen dat ik niet voor euthanasie in aanmerking kom. Mijn lijden zou niet ondraaglijk zijn en ik ben niet ongeneeslijk ziek. Dus als ik het leven niet meer aankan, moet ik het heft in eigen hand nemen. Dat heb ik een klein jaar geleden gedaan. Ik heb toen medicijnen gespaard en alles in één keer ingenomen. Twee dagen ben ik min of meer buiten westen geweest, maar helaas kwam het einde toen niet.

„Ik zou het nu kunnen proberen door te stoppen met eten en drinken. Er schijnt zelfs een zogenaamd prettige manier te zijn met een zak over je hoofd en een buisje gas. Maar ik ga mezelf niet verhongeren of vergassen! Die tijd heb ik ook meegemaakt. Nee zeg, het idee!

„Ik ben 86 jaar. Ik heb een prachtig leven gehad. Maar nu heb ik de kracht niet meer om te leven zoals ik heb geleefd. Ik zit met allerlei onherstelbare dingen. Al sinds mijn 62ste lijd ik aan osteoporose, botontkalking, waardoor ik altijd pijn heb. Ik heb een chronische darmziekte. Ik zie heel slecht: ik kan niet meer autorijden en alleen de koppen van de krant nog lezen. Ik heb borstkanker gehad. Bij de operatie zijn ook okselklieren weggehaald, wat blijvend ongemak geeft.

„Ik ben moe, verschrikkelijk moe. Ik zit met een ziekenhuisbed in m'n woonkamer en scharrel hier zo'n beetje rond. Zo heb ik nooit geleefd en zo wil ik mijn leven niet eindigen. Ik ben altijd een heel actief, nuchter en sociaal mens geweest. Ik ging er voortdurend op uit. Tot een jaar of drie geleden zwom ik nog regelmatig in de zee.

„Het keerpunt kwam twee jaar geleden. In een hotel in Eindhoven ben ik gevallen in de badkamer. Toen is een eindeloze geschiedenis begonnen van dokters, ziekenhuis, verpleeghuis, weer naar huis, weer naar het ziekenhuis.

„Jan en alleman heeft naar me gekeken: huisartsen, een orthopeed, de... hoe heet-ie ook alweer, de waterleidingdokter, zeg ik altijd: een uroloog, geriater, psychiater. Eerst konden de dokters wekenlang niks vinden op röntgenfoto's. Toch verging ik van de pijn. Uiteindelijk heeft een geriater een bekkenbreuk ontdekt.

> Toen zei ik tegen al die dokters: laten we d'r maar mee ophouden

„Toen heb ik tegen al die dokters gezegd: laten we d'r maar mee ophouden. Ik ben al een eind in de tachtig, het is mooi geweest. Dat is toch beter voor iedereen?! Ik heb m'n hele leven in ziekenhuizen gewerkt. Ik heb heel veel mensen verzorgd die aan het eind van hun Latijn waren. Ik heb gezien hoe vreselijk dat kan zijn en ook hoe mooi dat kan gaan. Ik heb m'n patiënten altijd zo veel mogelijk pijnvrij gehouden, ook al moest ik een dokter ervoor naar de keel vliegen. Nu ben ik zelf aan de beurt, vind ik. Al in 1987 liep ik met een euthanasieverklaring op zak, toen dat nog lang niet was geregeld in Nederland. Dus nu zeg ik: help me alsjeblieft, m'n leven is voltooid – over en uit.

„Toen ik dit aankaartte bij m'n huisarts zei hij: volgens de criteria van de wet komt u niet in aanmerking voor euthanasie, dus ik kan er niet aan meewerken. Wel heeft hij gezorgd dat er drie SCEN-artsen bij me langskwamen, maar ook die vonden dat ik geen euthanasiegeval ben. Er is een psychiater op me afgestuurd. Maar ik ben helemaal niet depressief. Ik kan nog genieten van contact met mensen en van kunst. Het nieuws op televisie raakt me nog. Alleen: ik heb de energie niet meer om te leven en ik vraag hulp om ermee te kunnen stoppen. Is dat zo gek?

„Een tijdje geleden zat ik op tv naar een discussieprogramma van Cees Grimbergen te kijken. Het ging over vergrijzing en dure zorg. Ik werd echt kwaad van wat allerlei mensen daar zeiden. Ik heb toen een brief naar Cees gestuurd. Hoezo duur? Er zijn een heleboel mensen, zoals ik, die het leven niet meer aankunnen en toch door dokters eindeloos aan de praat worden gehouden, of niet worden geholpen om op een waardige manier te sterven.

„Cees heeft toen een programma gemaakt over mij en over mensen die hun leven voltooid vinden. Prachtige reacties heb ik daarop gekregen. Maar er is geen arts geweest die me schreef: ik kan u helpen.

„Het lijkt alsof God me aan het einde van m'n leven nog een missie geeft. Euthanasie is in Nederland keurig geregeld. De volgende stap is dat ook mensen zoals ik kunnen worden geholpen. Als mijn toestand daaraan kan bijdragen, dan is al m'n ellende van de afgelopen twee jaar niet voor niks geweest.

„Inmiddels heb ik wel een naam van een dokter ergens in Nederland die mensen zoals ik schijnt te helpen. Een oudcollega gaf me deze tip. Hij hielp iemand uit haar kennissenkring. Ik hoop zo dat die dokter iets voor me kan doen."

Corrie van der Kolk overleed op 23 oktober 2011, in aanwezigheid van Lilian Kars, die haar verhaal vertelt op de volgende bladzijden.

De laatste uren van Corrie van der Kolk

Ze riep: 'Morgen stap ik d'r uit'

Op zondag 23 oktober 2011 maakte Corrie van der Kolk een eind aan haar leven. Haar zelfgekozen dood beleefde ze als een nederlaag. Een leven lang, als verpleegster, had ze nauw samengewerkt met artsen. Talloze mensen had ze bijgestaan in hun laatste uren. Ze voelde zich in de steek gelaten door artsen die haar nu niet hielpen bij haar doodswens, en angstig doordat een eerdere poging tot zelfdoding was mislukt.

Corrie van der Kolk stierf in aanwezigheid van één getuige, Lilian Kars. Zij heeft Corrie niet en wel geholpen: niet bij het innemen van een fatale medicijncocktail, of bij andere handelingen (dat is strafbaar); wel door haar gezelschap te houden en letterlijk tot de laatste seconde met haar in gesprek te zijn (dat mag).

Lilian Kars: „Ik ontmoette Corrie bijna drie jaar geleden, toen ik interviews met ouderen hield voor een wetenschappelijk onderzoek. Toen al vertelde ze mij uitgebreid over haar doodswens. Nadien belde ik haar af en toe op.

„Gaandeweg ontstond bij mij het idee een boek te schrijven over mensen en een vrijwillig levenseinde. Vorig jaar in de zomer vroeg ik Corrie of ik haar verhaal mocht optekenen. Sindsdien voerden we elke week lange gesprekken.

„Van nabij heb ik meegemaakt hoe ze alles heeft geprobeerd om een arts voor euthanasie te vinden. In augustus is ze van huisarts gewisseld, omdat haar eigen huisarts niet bereid was haar te helpen.

„Zaterdag 22 oktober stapte ik bij haar binnen en riep in de keuken: 'Ha Corrie, hoe gaat-ie?' Vanuit de kamer riep ze terug: 'Niet goed, morgen stap ik d'r uit.' Tja, wat doe je dan? Ho, wacht, rustig, vertel eens, wat is er gebeurd? Ze zei dat ze de vorige dag had gehoord dat de nieuwe huisarts haar ook niet verder kon helpen. Dat was voor haar de druppel.

Lilian Kars was erbij aanwezig toen Corrie van der Kolk een einde maakte aan haar leven. Zij woont in Midwoud, bij Medemblik. Ze schreef het boek *Klaar,* met zes portretten van mensen die bezig zijn of waren met een vrijwillig levenseinde (Uitgeverij Lemmens).

„Een paar weken eerder had ze een plastic tasje met medicijnen gekregen om zelf een einde te maken aan haar leven. Ik weet niet hoe ze eraan is gekomen, ik wil 't ook niet weten. Ik was erbij toen een begeleider van de NVVE (Nederlandse Vereniging voor een Vrijwillig Levenseinde, red.) langskwam om te controleren of ze wel over de juiste middelen beschikte. Ze was toen niet van plan de pillen in te nemen. Ze wilde zó graag hulp van een arts krijgen – 'waardig sterven', noemde ze dat.

„Na een lang gesprek, die zaterdag, begreep ik dat haar besluit vaststond. Uitgebreid hebben we toen haar tijdschema doorgenomen. Zaterdagavond om een uur of negen moest ze de eerste van twaalf antibraakpillen innemen. Zondagavond zou ze dan drie soorten pillen slikken, bij elkaar bijna 250 tabletten: een 'doorslaapmiddel', een middel om de hartspier te verlammen en als laatste een 'inslaapmiddel'. Ze zou dan direct in een diepe slaap wegglijden, waarna de dood na een uur of acht zou intreden. Ik zou dan 's ochtends vroeg, voordat de thuiszorg kwam, de huisarts waarschuwen dat ze was overleden.

„In een waas fietste ik die middag terug naar huis. 's Avonds heb ik op tv naar Linda de Mol en *Ik hou van Holland* zitten staren. Hoe banaal kan de wereld zijn?

„Zondagavond tussen acht en negen zou ik weer bij Corrie zijn. De tijd kroop. Aan het einde van de middag belde ik haar. 'Zal ik eerder komen?' Ze zei: 'Ach waarom, dan zit je hier maar te wachten.' Ik zei: 'Dat doe ik thuis ook.' Ze zei: 'Goed, kom maar.'

„Om half zeven was ik bij haar. Uitgebreid hebben we een fotoboek over haar moeder bekeken. Had ze gemaakt toen haar moeder tachtig werd.

„Ze was niet bang, niet emotioneel. Ze was onrustig. Ze had maar één zorg: dat ze de pillen straks niet zou binnenhouden, dat ze ook deze tweede poging zou overleven. Ik zei: 'Ga alvast even op bed liggen. Doe je ogen dicht. Als je in slaap valt, maak ik je wel op tijd wakker.' Dat deed ze, maar tot rust kwam ze niet.

„Om een uur of tien is ze haar keukentje ingegaan. De medicijnen had ze in drie schaaltjes klaargezet. Ruim honderd pillen in het eerste bakje moest ze fijnstampen. Dat deed ze met een flesje. 'Ik lijk wel een gifmengster', zei ze lachend. Het was treurig te zien hoe ze daar stond te tobben. Thuis heb ik een vijzel. Had ik moeten meenemen, dacht ik eerst. O nee, da's hulp bij zelfdoding, strafbaar, dacht ik toen.

„De fijngestampte pillen moest ze met vanillevla mengen. En met een scheut limonadesiroop, tegen de bittere smaak. Ze had moeite een plastic lipje van het blik siroop los te trekken. Normaal gesproken zeg je dan: laat mij maar even. Maar dat durfde ik niet.

„Op de rand van het bed heeft ze eerst de vla met de doorslaappillen naar binnen gelepeld. Toen het volgende bakje, ruim honderd pillen, lepeltje voor lepeltje, met kleine slokjes water. Ze morste, er vielen pillen op de grond. Bukken was moeilijk en pijnlijk voor Corrie. Ik durfde ze niet voor haar op te rapen.

„Liggend heeft ze als laatste de inslaappillen genomen. Ze had gehoopt dat ze snel zou wegglijden, maar het duurde een paar minuten. Ze lag te woelen. Ik wist dat ze mooie herinneringen had aan de tuin van haar grootmoeder. Ik zei: 'Doe je ogen maar dicht, neem die prachtige tuin in gedachten.' Ze kwam tot rust. Toen zei ze: 'Ik hoor m'n broertje huilen.' Ik zei: 'Ga maar naar 'm toe.' Ze glimlachte: 'Hé, daar komt mijn zusje.' Dat was het laatste wat ze zei.

„Ik was voorbereid op een lange nacht voordat ik de huisarts kon bellen. Maar binnen een uur dacht ik al: is ze dood? Ik werd angstig. Ik durfde haar niet aan te raken. Ik had geen spiegeltje om te kunnen zien of haar adem nog condens gaf. Het zou verdacht kunnen zijn als ik de hele nacht bij een dode Corrie had gezeten. Maar ik wilde ook niet te vroeg bellen en het risico van reanimatie nemen.

„Om half twaalf heb ik de huisartsenpost gebeld. Een arts was snel ter plekke. Binnen de kortste keren stroomde Corries huisje vol: twee agenten, een rechercheur, een forensisch fotograaf, een officier van justitie. Tot vijf uur 's ochtends duurden hun onderzoek en ondervraging. Toen werd het formulier ingevuld waarop ze officieel dood werd verklaard, gedateerd op maandag 24 oktober – hoewel ze feitelijk de dag tevoren was gestorven. Ook dat is een strikte regel van de overheid bij een niet-natuurlijke dood."

Acht vragen aan Lilian Kars

Ik vind het triest dat ze tot wanhoop is gedreven

Waarom heeft u zo gedetailleerd verteld hoe de laatste uren van Corrie van der Kolk zijn verlopen?
„Ik vind het intens verdrietig dat het zo gelopen is. Corrie heeft zó haar best gedaan medisch verantwoord en veilig te sterven. Uiteindelijk moest ze zich illegaal al die pillen laten toespelen en naar binnen lepelen. We moeten in Nederland echt de discussie blijven voeren of we dit menswaardig vinden."

Zeker tien artsen, misschien wel meer, hebben haar verzoek beoordeeld. Hun oordeel valt niet zomaar ter zijde te schuiven.
„De criteria voor euthanasie zijn duidelijk: evidente doodswens, volledig toerekeningsvatbaar en ondraaglijk, onomkeerbaar lijden. Over die eerste twee punten is geen discussie mogelijk: Corrie is hierover jarenlang volstrekt duidelijk geweest. Dat derde punt ligt minder zwart-wit: daar speelt persoonlijke inschatting van een arts een grotere rol. Ik kan begrijpen dat er artsen zijn die zeggen: 'Ik neem het niet voor mijn rekening haar wens te honoreren.' Maar ik vind het triest dat Corrie zo tot wanhoop gedreven moest worden."

Misschien was ze 'te bekend' geworden via de media? Zouden artsen wellicht kopschuw zijn geworden, uit vrees dat justitie haar casus onder het vergrootglas zou leggen?
„Als dat zo is, wordt de kwestie alleen maar triester. Corrie liep vast in de regels. Door de publiciteit hoopte ze in contact te komen met artsen die bereid waren haar te helpen. Op zichzelf is dat dus een extra onderstreping van haar doodswens. Maar het effect zou dan zijn geweest dat ze nóg minder kans op hulp maakte."

Het was niet weinig wat ze aan artsen vroeg. Kil gezegd was dat: wilt u mij doodmaken?
„Euthanasie via een injectie is een heftige handeling om te verrichten, ja. Maar je kunt ook zelf een drankje innemen, keurig afgestemd op iemands lichaam en conditie en door artsen voorgeschreven. Dat drankje had ik Corrie zo gegund. Voor die oplossing streed ze. Ze wilde sterven als haar moeder: door familie omringd."

Waarom wilde ze nu haar familie er niet bij hebben?
„Ze zei dat ze bang was voor de juridische nasleep. Die wilde ze haar familie besparen."

Voor u vreesde ze die niet? En was u er zelf bang voor?
„Nee, ik wist dat aanwezigheid bij zelfdoding niet strafbaar is. En het ging ook allemaal zo snel op die zaterdag en zondag. Ze was vastbesloten dat ze haar familie op dat moment erbuiten wilde houden. Toen zei ik: 'Dan zal ik bij je zijn.' Wat had ik dan moeten doen? Tegen haar wens toch haar familie bellen? Haar alleen laten in haar laatste uren? Ik deed wat m'n intuïtie me ingaf te doen."

Hoe ziet u erop terug?
„Als een zeer waardevolle ervaring. Ik heb een korte, intense vriendschap met Corrie gehad. Ze was blij met mijn steun en aanwezigheid. Ik heb gezien hoe vredig ze overging van het leven naar de dood. Haar familie heeft me bedankt, omhelsd voor m'n steun. Dit alles geeft me het gevoel dat ik juist heb gehandeld."

Heeft u iets gemerkt van justitiële 'nasleep'?
„Nee, niets. Het verhoor door de rechercheur, in de nacht van Corries overlijden, was correct en vriendelijk. Op de woensdag erna kreeg ik een telefoontje dat ik niet als verdachte maar als getuige werd aangemerkt en dat er geen nader onderzoek zou komen."

Naam: Jeane Tromp Meesters (1927-2012)

Woonde: in Velp (Gld.). Zij kreeg vier kinderen en vier kleinkinderen.

Was: coördinator van de Ledenhulpdienst van de Nederlandse Vereniging voor een Vrijwillig Levenseinde (NVVE)

Wat voorafging: Driemaal brak zij in de afgelopen jaren een heup, als één van verschillende lichamelijke problemen. Mede door beginnende alzheimer kon zij niet langer zelfstandig wonen.

Missie volbracht, hier trek ik de grens

In de serie in *NRC Handelsblad* kwamen als regel mensen aan het woord die binnen afzienbare tijd zouden sterven. Jeane Tromp Meesters was al overleden toen haar verhaal in de krant verscheen, op zondag 11 maart 2012. Vier dagen voor haar dood sprak ik haar.

Drs. J. Tromp Meesters is een van de voorvechters voor de legalisering van euthanasie geweest, zowel in Nederland als internationaal. Zij gaf leiding aan de Ledenhulpdienst van de NVVE, in welke functie zij velen heeft begeleid bij hun wens zelf te mogen beschikken over het einde van hun leven en daarbij begeleiding en medische hulp te krijgen. Een kleine week geleden heeft zij gebruik kunnen maken van het recht waarvoor zij lang heeft gestreden.

Enkele dagen voor haar overlijden zegt zij: „Ik ga mijn bevrijding tegemoet. Aan al mijn lichamelijke beperkingen komt een eind. En ik hoef gelukkig niet mee te maken wat mij geestelijk te wachten zou staan." Haar jongste zoon is bij het gesprek aanwezig, om haar af en toe aan te vullen of te corrigeren.

„Als je me zo op de stoel ziet zitten en hoort praten, dan denk je: ze kan nog wel een tijdje mee. Maar echt: ik ben een versleten mens, ik ben klaar met m'n leven, er zou me niets anders wachten dan totale afhankelijkheid en dat past niet bij wie ik altijd ben geweest – autonoom, onafhankelijk.

„Mijn kortetermijngeheugen heeft me in de steek gelaten. Ik houd zielsveel van planten en bloemen. Elke dag begint voor mij met planten gieten. Dan zit ik in mijn stoel en denk: heb ik dat vandaag al gedaan? Met m'n rollator schuifel ik naar een plant, ik voel aan de aarde: mooi, voelt vochtig. Eindeloos herhaalt zich dat. Zulke dingen kan ik niet onthouden. Het is maar één voorbeeld van al die dagelijkse dingen waarop ik de greep heb verloren.

„Driemaal brak ik mijn heup, de laatste keer in mei vorig jaar. Na de heupoperatie ben ik wekenlang in de war geweest. In augustus ben ik teruggekeerd in mijn flat, wat eigenlijk niet meer kon, maar het alternatief zou zo'n instituut zijn geweest waarin je de hele dag onder controle van hulpverleners staat en je moet worden geholpen bij iedere handeling en verplaatsing. Dat past niet bij mij.

> Ik ben benieuwd hoe het is om dood te zijn. Voel je dat – dood zijn?

„Daar komt bij dat de alzheimer inmiddels ook de kop heeft opgestoken. Het zit in de genen van mijn familie. Bij mijn moeder heb ik meegemaakt hoe vreselijk en ontluisterend die ziekte zich ontwikkelt. Die ervaring heeft mij ertoe gebracht me in te zetten voor de legalisering van euthanasie. Nu is voor mij de tijd aangebroken dat ik zeg: mijn missie is volbracht, hier trek ik mijn grens.

„Ik heb alle lof voor mijn huisarts, voor de mensen van de thuiszorg, voor iedereen die me de afgelopen jaren heeft geholpen. Tegelijk zeg ik: het heeft lang, té lang geduurd voordat alle gesprekken en formaliteiten voor mijn euthanasie waren afgerond. Aan de andere kant: het heeft me ook de tijd gegeven het leven af te hechten, om afscheidsgesprekken te voeren met familieleden en vrienden en goed te kunnen toelichten waarom ik hier de streep heb getrokken.

„Ik ben niet nerveus over wat komende zondag gaat gebeuren, ik zie ernaar uit. Nerveus ben ik alleen over de vraag of ik wel aan alles heb gedacht: of alles is geregeld voor mijn uitvaart, of ik niemand heb vergeten nog iets te zeggen of mee te geven.

„Ik ben benieuwd hoe het is om dood te zijn. Voel je dat – dood zijn? Ik denk het niet, maar ik wil het wel graag weten. Ik ben vrijzinnig gelovig, remonstrants. Ik hoop niet dat ik in de hemel kom, dat lijkt me saai. In de hel kom je veel interessantere mensen tegen aan wie ik een hoop te vragen zou hebben.

„Ik geloof in reïncarnatie. Ik hoop dat ik terugkeer als een man – ja, het lijkt me interessant te ervaren hoe het is een man te zijn. Of als een hert, een walrus, een zwaluw, een ooievaar, dat lijkt me allemaal prachtig. Ook heb ik weleens gezegd: ik wil op aarde terugkeren als een waterval. 'Hoezo?' werd me gevraagd. Het lijkt me zo grappig te zien hoe mensen verrukt naar de waterval staan te staren.

„Ik weet hoe verdrietig mijn familie is dat mijn einde is gekomen. Ik heb ze mijn overwegingen goed kunnen toelichten, ze respecteren mijn besluit. En verdriet is niet schadelijk voor een mens, daar leer je van.

„In gesprekken over euthanasie duikt wel de vraag op: is het een vlucht voor het leven? Is het een uitvlucht, een uitweg, of een uitkomst? Ik zeg: het is geen vlucht in de betekenis van wegvluchten, in die zin is het voor mij pure zelfbeschikking. En ja, het is ook een vlucht: een vogelvlucht, om vrij te zijn als een vogel."

Jeane Tromp Meesters overleed op 11 maart 2012. Haar zoon Jo van der Spek: „Weg is weg. Aan het slot van de afscheidsdienst vloog ze weg in een witte duif. Empathisch-directief hadden we haar naar haar einde geholpen. Nu zitten we alleen nog in onze maag met de asbus en die vermaledijde panoramaflat.

Haar leven was ingewikkeld.
Haar dood verrassend simpel.
Ze is niet meer terug geweest."

Euthanasie maakte me extra alert

Een vraag, per e-mail binnengekomen: 'Heeft u interesse in het verhaal van een arts die onlangs tweemaal euthanasie heeft uitgevoerd?'

Zo direct als hier geciteerd stelde de afzender zijn vraag niet. Eerst vertelde hij dat hij nu zo'n twintig jaar als arts heeft gewerkt, waarvan tien jaar als specialist (uroloog), en dat hij nooit eerder zelf met een euthanasieverzoek te maken heeft gehad. Uitbehandelde patiënten overlijden als regel thuis, bijgestaan door de eigen huisarts, of in een verpleeghuis, of in een hospice.

Maar plotseling kreeg hij twee verzoeken om 'actieve levensbeëindiging', in iets minder dan een week, door toevallige samenloop van omstandigheden. Met de ene patiënt, een man, had de arts in zeven jaar een hechte band opgebouwd; de andere, een vrouw, had vrijwel geen naasten en zou nog hooguit enkele weken te leven hebben.

Tweemaal euthanasie, gezien vanuit het perspectief van dr. Stefan Haensel, uroloog.

„Als je geen moreel bezwaar ertegen hebt, hoort euthanasie gewoon op je menukaart als arts te staan. Krijg je persoonlijk zo'n verzoek en klopt de indicatie, dan heb je die wens in te willigen. Zo denk ik erover. Dat klinkt eenvoudig, maar ik heb ondervonden dat het ook voor mijzelf een hele indringende ervaring is geweest.

„Toen ik eind augustus het eerste verzoek kreeg, ben ik op een zaterdag meteen de bibliotheek ingedoken. Er is veel gepubliceerd over ervaringen met euthanasie, zowel van patiënten als van artsen. Maar veel daarvan is al heel wat jaren oud. Met name ontbreekt literatuur over recente ervaringen van artsen.

„Het ziekenhuis heeft voor alles een protocol, dus ook voor euthanasie. Dat is allemaal prima geregeld, maar ik miste twee dingen: een draaiboek voor de dag zelf en een checklist. Die heb ik voor mezelf nog gemaakt.

Dr. Stefan Haensel is als uroloog verbonden aan het Havenziekenhuis in Rotterdam.

„Als arts besef je dat je sowieso geen fouten mag maken. In dit geval was het mijn belangrijkste taak alles zo goed en aangenaam mogelijk te laten verlopen voor patiënt en familie. Voor mij persoonlijk was het de eerste keer dat ik met euthanasie te maken had. Vandaar het draaiboek en de checklist. Ik dacht: mij zal het niet gebeuren dat ik de komende dagen ook maar iets over het hoofd zie. En: ik zal een dossier moeten overhandigen aan een forensisch arts en standaard volgt een justitieel onderzoek. Dat is niet niks.

„Het duurde een kleine week om, samen met de patiënt, alle stappen te zetten naar dat ene, laatste moment. Als eerste heb ik uitgebreid met de patiënt gepraat: over alternatieven voor euthanasie, over een handgeschreven eigenwilsverklaring. Vervolgens heb ik een multidisciplinair team samengebracht, met een medisch maatschappelijk werkster, een verpleegkundige die bij de euthanasie aanwezig zou zijn en een tweede verpleegkundige als reserve. Een SCEN-arts zorgde voor de wettelijk voorgeschreven contra-expertise.

> ‘Het moment zelf was snel voorbij en het voelde goed daarna’

„De maatschappelijk werkster heb ik tot ‘ceremoniemeester’ benoemd: voor goeie onderlinge communicatie en voor praktische dingen. Zorgen dat de patiënt een muziekinstallatie op z’n kamer kreeg om nog naar z’n favoriete muziek te kunnen luisteren, aanspreekpunt zijn voor de familie, een fles drank kopen voor een laatste toost: dat soort dingen moet soepel verlopen.

„Het bestellen van de benodigde middelen voor de euthanasie wijkt ook af van de normale gang van zaken. Dat kon alleen persoonlijk en met uitgebreide toelichting bij de ziekenhuisapotheker. Op zichzelf gaat het om middelen die, elk afzonderlijk, gewoon worden verstrekt, maar de combinatie is bijzonder. De apotheker vraagt zelfs expliciet aan haar medewerkers of iemand er bezwaar tegen heeft de vijf flacons in één doosje te doen. Het doosje werd mij persoonlijk overhandigd, een uur voor de euthanasie.

„Ik merkte aan mijn eigen concentratie dat ik weinig anders erbij kon hebben die week. Mijn gezin was nog met vakantie, zodat ik ook ’s avonds de tijd kon nemen voor gesprekken met de patiënt. De ene, een vrouw, had een solitair leven achter de rug; haar behoefte aan praten was niet groot. Met de man deelde ik m'n liefde voor klassieke muziek en belangstelling voor Normandië, een gebied dat ik goed ken.

„Op een avond reed ik, op weg naar het ziekenhuis, door rood licht. Gewoon, per vergissing. Ik ging een cd met een pianoconcert van Ravel naar mijn patiënt brengen. Ik werd aangehouden. De agent begon het hele Oude Testament met me door te nemen. Ik had een fout gemaakt, daar viel niks tegen in te brengen. Maar dat oeverloze verhaal ging geheel aan me voorbij. Ik wachtte beleefd tot hij klaar was, de bon had geschreven en vervolgde toen mijn weg. Het toont hoe mijn geest zich had versmald in die week.

„Gespannen ben ik niet geweest in die dagen, nee, ik was vooral extra alert, al m'n zintuigen stonden echt op scherp. Dat is ook een vorm van druk – een zelfde als wanneer ik voor een moeilijke operatie sta. Gek genoeg viel die druk compleet weg toen ik op dat bewuste moment de kamer binnenstapte van de patiënt, die was omringd door z'n familie. We hadden samen een contract gesloten en we hielden ons eraan – zo voelde het. Het moment zelf was snel voorbij en het voelde goed daarna. Ik had gedaan wat me gevraagd was, en ik had het naar beste vermogen gedaan.

„Van collega-artsen had ik wel gehoord dat ze na zo'n dag niets anders willen dan naar de kroeg gaan om gezamenlijk dronken te worden. In zo'n stemming was ik helemaal niet. Ik was vooral opgelucht dat alles goed was verlopen. Ik merkte dat ik een paar dagen nodig had om weer volle aandacht te krijgen voor andere zaken. Indringend en mooi – dat was het."

Naam: Saskia Boissevain (54)
over de dood van haar man Peter Schenk, beeldend kunstenaar

Woont: in Amsterdam

Is: leraar basisonderwijs

Wat voorafging: Peter Schenk was 66 jaar toen hij door darmkanker overleed, op 9 september 2011. Saskia Boissevain en Peter Schenk zijn 32 jaar samen geweest. Zij kregen vier kinderen en vier kleinkinderen.

Hij had de regie stevig in handen

Het verhaal van dr. Stefan Haensel (zie vorige hoofdstuk) bracht Saskia Boissevain tot deze reactie: 'Mooi verhaal, goed dat het ook een keer vanuit dit perspectief wordt belicht. Ik zou graag willen vertellen hoe wij als gezin de euthanasie van mijn man hebben beleefd. Bent u hierin geïnteresseerd?'

Antwoord: zeker.

Ze zegt: „Al lang voordat Peter ziek was, had hij diverse keren gezegd: 'Als ik niet meer kan schilderen, hoeft 't niet meer voor mij. Schilderen ís mijn leven.'

„We wisten altijd van elkaar hoe we tegen euthanasie aankeken. We spraken erover zonder dat hiervoor een concrete aanleiding was. Dat maakte het nu minder beladen.

„Tot een week voor zijn dood heeft hij kunnen werken, weliswaar met hulp van een vriend, maar hij had de regie stevig in handen. Toen hij niet meer naar zijn atelier kon en bedlegerig werd, met veel pijn, wisten we dat zijn dagen geteld waren.

„Op z'n laatste dag gingen we 's ochtends samen onder de douche. Hij zat op een krukje, ik waste hem, hij zei: 'Het klinkt misschien raar, maar ik voel me zielsgelukkig.' Dat was helemaal Peet: altijd onafhankelijk gebleven, steeds zijn eigen keuzes gemaakt.

„In de nazomer van 2010 werd duidelijk dat hij niet meer beter zou worden. Hij accepteerde dit vrij snel na dit intens verdrietige nieuws. Nadat hij dit met z'n naasten had gedeeld, wilde hij direct allerlei praktische zaken regelen – als eerste de euthanasie. Dat gaf hem rust, bracht berusting.

„Een handgeschreven verklaring had hij lang geleden al eens opgesteld. Nu vulde hij de verschillende standaardformulieren in, waarna we alles uitgebreid met de huisarts hebben doorgesproken. Daarna hebben we met de kinderen hier rondom de tafel gezeten. Peter wilde hun zelf precies vertellen hoe hij zijn levenseinde voor zich zag, wat hij wel en niet wilde. Het was zwaar en tegelijk fijn dit met elkaar te kunnen delen. Zijn openheid hielp ons bij de voorbereiding en acceptatie van wat komen ging.

> Ik heb die laatste dag in een roes beleefd – bizar en mooi tegelijk

„Hij heeft het langer volgehouden dan we eerst voor mogelijk hielden, maar hij is vreselijk ziek geweest. Uiteindelijk kón hij niet meer en hij keek uit naar het einde. De huisarts had gezegd: 'Ik wil dit aan het begin van de avond doen, of in het weekend. Daarna heb ik tijd voor mezelf nodig, want dit is het moeilijkste deel van mijn vak.'

„Begin september hadden we met de huisarts een datum afgesproken: zondag de 11de. In de week daarvoor ging het steeds slechter. Peet zei: 'Ik ben bang dat het straks te laat is.' Hij vreesde dat hij de regie zou verliezen, dat de euthanasie uiteindelijk niet kon doorgaan doordat hij niet meer bij kennis was. Op dinsdag hebben we de afgesproken datum twee dagen naar voren gehaald: vrijdag de 9de om zes uur 's avonds zou de huisarts komen.

„De laatste dagen waren de kinderen hier in huis. We waren onmetelijk verdrietig, maar de sfeer was ook sereen. Peet straalde, hij snakte naar de bevrijding van de kanker. Zijn verdriet om ons achter te laten, was hij toen al voorbij.

„De avond tevoren zeiden we tegen elkaar: tja, hoe gaan we 't doen morgen? We wisten het niet. Alles was gezegd en uitgesproken. We zeiden tegen elkaar: we zien wel, we laten het maar op ons afkomen.

„Vrijdagochtend kwam een verpleegkundige het infuus alvast plaatsen. Dat lukte niet, wat nog een toestand gaf: huisarts bellen, ambulancebroeder laten komen, die ook een zak met vocht aan het infuus wilde koppelen, maar hij had daarvoor geen standaard bij zich. Als twee knutselaars begonnen Peet en die broeder te improviseren: 'Ja, een camerastatief en een klerenhanger, da's een goed idee!' Peet had daar wel lol in.

„Die vrijdag hebben we om beurten bij Peet op bed gezeten. Hij sliep veel. We hebben nog een familiefoto gemaakt, met alle geklungel dat erbij hoort: 'Hoe werkt die zelfontspanner? Zit iedereen goed?' Ik heb het in een roes beleefd – bizar en mooi tegelijk. Onze jongste zoon heeft in huis de klokken omgedraaid: hij wilde niet zien hoe de tijd naar zes uur kroop – het moment waarop de huisarts zou aanbellen.

„Om half vijf is Peet van ons bed naar een bed in zijn werkkamer gegaan. Daar wilde hij sterven. Met z'n allen hebben we toen om hem heen gezeten. Heel rustig allemaal – emotioneel, maar geen drama. Onze middelste zoon zei: 'Ik zou wel een biertje lusten.' Peet zei: 'Ja, lekker, ik ook wel.' Twee jaar lang had hij door z'n ziekte nauwelijks alcohol gedronken. Als een soort vredespijp gaven we het bier aan elkaar door. We konden er nog wel om lachen.

„Om zes uur ging de bel – zoals verwacht, maar toch gaat er dan een schok door je heen. De kinderen namen afscheid van Peet. Dat was vooraf zo afgesproken, het leek hem te heftig voor de kinderen en hemzelf wanneer zij erbij waren. Hij wilde met mij alleen zijn, in mijn armen sterven.

„De huisarts vroeg: 'Ben je er klaar voor?' Peet zei: 'Ja', en toen: 'Ho, nog één ding. Hij keek de huisarts aan en hij zei: 'Bedankt.' Dat was z'n laatste woord."

Naam: René Gude (1957)

Woont: in Amsterdam-Noord, met echtgenote. Zij hebben twee zonen.

Is: filosoof, directeur van de Internationale School voor Wijsbegeerte (ISVW) in Leusden

Wat voorafging: Een spontane beenbreuk, vijf jaar geleden, werd veroorzaakt door botkanker (osteosarcoom). Twee jaar geleden kwamen uitzaaiingen naar zijn longen aan het licht. In april vorig jaar is zijn rechterbeen geamputeerd.

Mijn geliefden laten mij voortleven

„De medische wetenschap heeft vooruitgang geboekt, zeker. Mensen leven langer dan ooit. Veel levensbedreigende ziektes, de vroegere 'fast killers', zijn nu chronische ziektes. Gevolg is wel: we sterven langer. Dat klinkt niet vrolijk, maar het geeft wel meer tijd om ons voor te bereiden op het einde van het leven.

„Bij het woord 'testament' denk je als eerste aan materiële zaken: hoe verdeel je je geld en spullen om veldslagen bij je nabestaanden te vermijden? Dan is er de vraag: hoe kom ik waardig aan mijn einde? De regie voeren over je levenseinde is ook van belang voor je geliefden. En je mag best wat gedachten wijden aan je geestelijke nalatenschap. Stuk voor stuk zijn het oefeningen om je zelfzuchtigheid los te laten.

„Filosofie helpt me m'n gedachten en emoties op orde te houden sinds een oncoloog me de dood heeft aangezegd. Zoiets is een heel ernstige mededeling, maar tegelijk is die omgeven met grote onzekerheden. Het heeft geen zin de ernst te ontkennen. Je kunt niet zeggen: 'Ik overwin die rotziekte, mij krijgen ze niet klein!' Maar jezelf zomaar erbij neerleggen kun je ook niet: 'Ik ga naar de bliksem, ze bekijken het verder maar.' Dat zijn dogmatische oordelen waar je niks aan hebt. Je kunt jezelf maar het beste oefenen sceptisch te blijven, je definitieve oordeel uit te stellen, jezelf en je omgeving niet te teisteren met overdreven reacties.

„Zoals de stoïcijnse filosoof Epictetus zei: 'Het zijn niet de dingen, maar het onze voorstelling van de dingen die ons in verwarring brengt.' Zo'n inzicht geeft steun. Misschien heb ik nog wel vijf jaar te leven, misschien veel minder – en die wil ik niet verprutsen door als een dweil op de bank te gaan liggen, of door gekunsteld optimistisch te zijn.

„Mij leert het: blijf met je gedachten in de buurt van wat er in 'het hier en nu' gaande is – broodnuchter, dicht bij de feiten en de realiteit.

„Aan het einde van je leven is er een hoofdrol te spelen voor je intellect: de *nous*, zoals Plato dat noemde. Het intellect is een schriele wagenmenner, die twee oersterke paarden moet bedwingen. Het vurige paard, Epithumia, wil je bij je geliefden, bij de club houden. Het nobele paard, Thumos, wil scoren en uitstijgen boven de club. Beide zijn de verbeelding van passies die een mens compleet kunnen laten ontsporen.

> Patiënt zijn – dat is hard werken: trainen, trainen, trainen

„Als koetsier van je eigen zielenleven moet je in je laatste fase een totale omslag maken. Je kunt je toekomstgerichte passies niet langer aanvuren, je moet ze tot bedaren brengen. Je bent patiënt. De leefregel 'volg je passies' werkt niet meer, de tijd is aangebroken je levenslust te temperen. Patiënt, patience, geduld; passie, passief, pathos – het zijn woorden die in het Oudgrieks dezelfde oorsprong hebben.

„Gek genoeg is het heel zwaar om passief te zijn, niks te doen. Levenslust is een diepgewortelde drang. Die leg je niet zomaar af. Patiënt zijn, geduldig zijn is een zwaar beroep: het vergt heel hard werken en trainen, trainen, trainen.

„Twee doelen kun je jezelf nog stellen: geen wensen meer koesteren voor de toekomst en jezelf verzoenen met alles wat het verleden je gebracht heeft. Mij lukt het zelden.

„Een toekomst voor mezelf in een hiernamaals zie ik niet. Ik wil niemand ontmoedigen die zich wel een voorstelling maakt van hemel of hel, maar zelf volg ik de visie van Immanuel Kant, die een onderscheid maakt tussen kennen en denken. Ik leef in een waarneembare, kenbare wereld. Allerlei denkbare werelden houd ik op afstand.

„Om die reden heb ik weinig met een dimensie waarin onze geest zou voortleven nadat we ons lichaam hebben losgelaten. Ik redeneer vanuit de conceptie, letterlijk en figuurlijk: de wereld was er al voor mijn geboorte, ik nog niet. De wereld zal er ook zijn na mijn dood, ik niet meer. Leve de wereld!

„Individuen sterven, de menselijke soort leeft voort. Ik maak tijdelijk deel uit van die soort. Met mijn familie, mijn vrouw, kinderen, vrienden en collega's ben ik verwant en vervlochten. Bij hen resoneer ik na mijn ontvlechting geestelijk nog een tijdje na. Die vorm van 'voortleven' noem ik mijn geestelijke nalatenschap.

„Hier ontmoeten de sceptische westerse filosofie en de Afrikaanse Ubuntu-filosofie, uit het werk van Mogobe Ramose, elkaar. Ubuntu-geesten bestaan zolang de stemmen van geleefde levens doorklinken via levende nabestaanden. Je ijlt een poosje na in de netwerkjes van je geliefden. Meer dan zo'n leven na de dood probeer ik niet nodig te hebben."

Naam: Zsuzsána Bagócsi (1962)

Woont: in Arnhem

Is: docent pedagogiek aan een lerarenopleiding basisonderwijs in Arnhem. Zij is in Nederland geboren, haar ouders zijn in 1956 uit Hongarije gevlucht. Ze publiceert onder de naam Suzanna van de Hunnen.

Wat voorafging: Eierstokkanker, aangetroffen in augustus 2005, leek na een half jaar met succes bestreden, maar uitzaaiingen doken op in november 2006. Toen was de boodschap van haar artsen: nog één à twee jaar te leven.

In diepgevroren toestand leefde ik

„Ik ben zo verschrikkelijk bang geweest voor de dood. Radeloos was ik. Ik voelde een angst die ik aan niemand kon uitleggen. Aan de buitenkant was er weinig aan me te merken. Maar ik leefde in een diepgevroren toestand. Een zwaard van Damocles had me in tweeën gehakt. Er was de doodzieke, zwaargewonde ik, met wie ik zelf geen contact had. En er was de interim-ik, die sterk wilde zijn en zo normaal mogelijk doorging met leven.

„Een jaar of twee heeft geduurd. De diepste ellende begon in het najaar van 2006, toen ik hoorde dat m'n ziekte ongeneeslijk is. Een jaar eerder, in de tijd van de operatie en chemokuren, wist ik nog zeker: ik word beter, de behandeling is een investering in m'n toekomst, mij krijgen ze niet klein. Toen ik opnieuw aan de chemo moest, nu alleen maar om m'n leven wat te rekken, besloot ik na twee keer: dit trek ik niet, ik ga voor kwaliteit van leven.

„Maar m'n leven had geen enkele kwaliteit meer. Het lichaam waarin ik zat, was een totale vreemde voor me geworden. Doodmoe, opvliegers, euforisch, dan weer doodsbang, niet durven slapen omdat ik bang was niet meer wakker te worden – zo was ik nooit geweest, zo wilde ik niet zijn.

„Langzaam drong tot me door: ik wil niet dood, ik ben niet dood, maar ik leef ook niet. Als ik met alle geweld wil leven, moet ik het nú doen – 'later' bestaat niet meer voor mij.

„In die tijd ben ik vaker gaan schrijven, vooral 's nachts. Ik kwam erbij tot rust. Als ik m'n tekst bij daglicht teruglas, herkende ik vaak totaal niet meer wat ik eerder had geschreven. Het leek in een soort trance te zijn ontstaan.

„Door te schrijven heb ik weer greep op m'n leven gekregen. Ik schreef vanuit verschillend perspectief: in de derde persoon observeerde ik 'Suzanna', afgewisseld met de ikvorm en het perspectief van mijn moeder. Ik wisselde herinneringen af met dingen die ik in het heden meemaakte. Uit die verschillende scènes en personages ontstond een 'ik' die ik zelf weer wilde zijn.

> ‘Mijn lichaam was een totale vreemde voor me geworden’

„Nerveus liet ik een paar velletjes aan een vriendin of vriend lezen. Ze zeiden: dit is een boek, ga ermee naar een uitgever. Half maart kreeg ik het eerste exemplaar uit handen van journalist Rob Trip. Ik ben zo ontzettend blij dat ik dit heb kunnen maken!

„Niet alleen m'n geestkracht, ook m'n lichaam heb ik teruggekregen. Goed, het zit vol met kanker, wordt steeds zwakker en is chronisch moe. Maar ik voel en begrijp weer wat er in mijn lijf en hoofd omgaat. Dat heb ik ook te danken aan haptotherapie. Vraag me niet wat het precies is en hoe het werkt. Mij heeft het geleerd te durven voelen wat ik voel en niet bang te zijn voor wat ik denk. Noem het maar: volledige acceptatie van wie en hoe ik nu ben.

„Ik lééf weer. En ik leef al langer dan mogelijk leek toen ik in 2006 m'n doodvonnis kreeg. Gelukkig ben ik niet doodgegaan in de tijd dat ik zo panisch was. Ik was nog niet klaar voor de dood. Nu wel. Ik zeg weleens: ik leid het leven van een 94-jarige die intens geniet van haar oude dag.

„Ik besef dat de grens tussen leven en dood heel smal is. Mijn moeder was diepgelovig. In haar gebeden smeekte ze tot God dat ik gespaard zou blijven en dat zij in mijn plaats mocht doodgaan.

„Op 6 mei 2007 wilde ze in de buurt van haar geboortedorp in Hongarije een gewonde kat redden die op de weg lag.

Ze stak over, werd geschept door een busje en zij en de kat waren dood.

„In de dagen van de begrafenis liep ik met m'n tantes gearmd door het dorp. 'Je moeder heeft je gered, Suza!', zeiden m'n tantes. Ik ben agnost, ik zal niet zeggen dat het zo zit. Ik denk: je kunt het leven niet tegenover de dood plaatsen, niet van elkaar scheiden. Ik leef nu heel bewust, met mijn dood voor ogen. En ik kan er weer van genieten, met alle pieken en dalen die erbij horen."

Namen: Jolanda van der Linden (1955)
en Jos van der Linden (1950)

Wonen: in Den Haag, met hun twee zonen

Zij is: sociaal-cultureel werker bij een welzijnsinstelling

Hij is: medewerker bij een onderdeel van het ministerie van Financiën en hobbyimker

Wat voorafging: Eind 2009, twee weken na elkaar, kwam bij hen beiden een ernstige ziekte aan het licht – borstkanker bij haar, endeldarmkanker bij hem. Na behandelingen hebben zij de draad van hun leven weer kunnen oppakken.

Loslaten, loslaten – daar gaat 't om

Zij: „Toen ik hoorde van de borstkanker schoot door me heen: als ik het niet red, is Jos er gelukkig nog voor de jongens. Toen twee weken later bleek dat Jos ook kanker had, dacht ik eerst: dit kan niet waar zijn, dit is een vergissing, bij de volgende afspraak in het ziekenhuis krijgen we te horen dat ze niet goed gekeken hebben."

Hij: „Maar het was wel waar. Samen kwamen we in de medische molen terecht: zelfde ziekenhuis, zelfde oncoloog, zelfde radioloog, zelfde chirurg. Dat hadden ze nog zelden meegemaakt: een echtpaar, beiden tegelijk onder behandeling."

Zij: „Achteraf besef je dat je bij ziekte allerlei fases doormaakt. Het begint met ontkenning. Dan volgt verdriet. Stonden we 's ochtends voor het raam de jongens uit te zwaaien die wegfietsten. Allebei met tranen in onze ogen. Dan komt de drang tot overleven."

Hij: „Dat was het moment waarop we tegen elkaar zeiden: 'We gaan ervoor knokken, opgeven is geen optie, we blijven leven.'"

Zij: „Operaties, chemokuren, bestralingen – alles hebben we over ons heen gehad."

Hij: „Toevallig kwam het zo uit dat ik redelijk op de been was wanneer Jolanda het slecht maakte – en andersom. Elke middag gingen we samen rusten, een stukje wandelen, samen eten maken en proberen het leven verder zo gewoon mogelijk te laten doorgaan."

Zij: „Het is ongelofelijk hoeveel hulp we in die tijd gehad hebben. Familie, vrienden, buren – van alle kanten kwam het als vanzelf naar ons toe. Eten brengen, huis opruimen, meegaan naar het ziekenhuis, lieve kaarten, attenties, briefjes met telefoonnummers voor als we 's nachts plotseling hulp nodig zouden hebben. Dat is een onvergetelijk mooie ervaring geweest."

Hij: „Naast de behandelingen in het ziekenhuis hebben we ook hulp gehad van een orthomoleculaire arts. Die werkt met vitamines, mineralen en andere preparaten."

> Je moet zorgen dat je conditie op peil blijft, fysiek én mentaal

Zij: „Ik zie het zo. In het ziekenhuis werken ze aan het zieke deel van je lichaam. Daarnaast moet je zelf werken aan het gezonde deel van je lijf. Je moet zorgen dat je conditie op peil blijft, zowel fysiek als mentaal, zodat je je energie niet helemaal verliest en snel kunt herstellen. De orthomoleculaire therapeut geeft voedingsadviezen en schrijft wel acht à tien verschillende middelen voor om je lichaam te ondersteunen."

Hij: „In het ziekenhuis waren de artsen hier niet op tegen, zolang we ons er maar goed bij voelden. Alleen sint-janskruid mochten we niet slikken; dat combineerde niet goed met de chemo. In het ziekenhuis kregen we wel bewondering voor onze positieve instelling. Ik weet zeker dat het mede aan 'de ortho' te danken is dat we minder vermoeid waren en daardoor sterker waren om erdoorheen te komen."

Zij: „Ik denk echt dat veel ziektes het gevolg zijn van stress. Dat verzwakt je immuunsysteem, waardoor ziektes erdoorheen kunnen breken. Ik heb in m'n leven nogal wat meegemaakt: broer op z'n 31ste omgekomen door een auto-ongeluk, zus op haar 39ste overleden, een neef jong gestorven, ouders overleden – allemaal in een vrij korte periode na elkaar. Intussen leef je door. De keerzijde is dat onverwerkte rouw zich in je lijf ophoopt en de stress zich opbouwt. Dat leidt tot verzwakking van je immuunsysteem.”

Hij: „Ik ben me er nu sterk van bewust dat je zo min mogelijk stress moet hebben in je leven. Loslaten, loslaten – daar gaat het om. Ik probeer me aan die regel te houden, maar je gaat nog weleens in de fout.”

Zij: „Ik ben assertiever geworden. Zo veel mogelijk zeg ik het nu meteen wanneer mij iets dwarszit. Door die manier van reageren ben ik rustiger geworden, blijft er minder in mijn hoofd hangen waarover ik kan gaan tobben.”

Hij: „Ik ben in die periode van ziekte een moment heel bang geweest. Dat was echt *The Passion of Jos*. Nu denk ik: ik heb het gered, ik heb de dood weer flink op afstand gezet. Ik heb die angst daarna niet meer gevoeld.”

Zij: „Ik ben in de afgelopen jaren anders naar de dood gaan kijken. Ook daarin heb ik rust gevonden. Ik zie de dood nu meer als een overstap, als een vorm van ‘naar huis gaan’. Het einde zal niet het einde zijn.”

Hij: „Maar voorlopig zeggen we tegen elkaar: we worden 89 jaar of zo. Eérst gaan we nu door met ons leven.”

Naam: Jip Keijzer (1987-2012)

Woonde: in Wageningen, met zijn ouders. Hij had twee oudere broers.

Studeerde: sociaal-pedagogische hulpverlening. Werkte onder andere voor Pepperminds, een bedrijf voor straatverkoop van abonnementen en lidmaatschappen.

Wat voorafging: Botkanker kwam voor het eerst aan het licht in juni 2008, waarna uitzaaiingen volgden in zijn longen en linkerbeen. Hoorde begin december 2011 dat hij terminaal ziek was.

Ik zie de laatste fase als een geschenk

„Jarenlang op straat werken heeft mij gevormd. Je kunt denken: ik sta hier in de regen iets te verkopen en iedereen die ik aanspreek, roept chagrijnig 'nee' en rent door. Je kunt ook denken: goed, het regent en de mensen zijn chagrijnig, dus moet ik de lol maar uit mezelf zien te halen, anders heb ik helemaal een rotdag.

„Je moet je alleen druk maken om dingen die binnen je 'cirkel van invloed' vallen. Inderdaad, die komt uit het boek *De zeven eigenschappen van effectief leiderschap* van Stephen Covey, dat ik ken uit trainingen voor m'n werk. Het is een van de lessen die mijn kijk op het leven echt hebben veranderd. Haal uit het leven wat erin zit. Ga uit van gegeven omstandigheden, niet van vage dromen die buiten je bereik liggen.

„Deze manier van denken heeft mij een handvat gegeven om met kanker om te gaan. Behalve de 'cirkel van invloed' helpt me daarbij een ander inzicht, waarover ik de laatste tijd veel nadenk. Dat is: ik kan behoorlijk goed omgaan met dingen die ik voor de eerste keer meemaak, omdat die nog helemaal leeg zijn en ik die zelf kan invullen. Iets een tweede keer meemaken vind ik vaak zwaarder dan de eerste keer. Dat was zo toen de kanker uit m'n pols weer opdook in m'n rechterlong. Zo heb ik wel meer voorbeelden.

„Bij eerste keren heb je het gevoel van verbazing, van nieuwsgierigheid, van bijna kinderlijke onbevangenheid. Bij tweede keren ben je al snel geneigd terug te denken aan de mindere momenten die er eerder zijn geweest.

„Die ervaring had ik ook toen ik een paar weken geleden samen met mijn vader en een vriendin een crematorium ging bekijken. Ik dacht niet: hier ga ik straks de oven in. Ik vond het fascinerend om te zien hoe zoiets werkt. Eindeloos veel vragen had ik. Alles kregen we te zien. Ik mag graag een morbide grap maken; dan ben je daar natuurlijk aan het juiste adres.

„Op de terugweg zei mijn vriendin: ik vond het daar helemaal niet zo treurig als ik vooraf dacht. We konden er onze verbazing kwijt. We hadden nog geen ingekleurd beeld van een doodskist en rouwende mensen.

> Het bericht dat ik uitbehandeld ben, kwam als een bevrijding

„Voor mij kwam het bericht dat ik uitbehandeld ben als een bevrijding. Het heeft me nieuwe energie gegeven. Drieënhalf jaar heb ik geprobeerd zo goed mogelijk met kanker te leven, met alle onzekerheid, hoop en vrees die erbij horen. Nu weet ik: ik heb rust, ik hoef niks meer. Natuurlijk ken ik ook momenten van verdriet, vooral omdat ik mijn familie en vrienden moet loslaten. Maar angst, opstandigheid? Totaal niet.

„Ik zie deze laatste fase als een geschenk. Alle papieren voor euthanasie heb ik ingevuld, dus voor pijn of moeilijke laatste momenten hoef ik niet bang te zijn. Ik kan me nu concentreren op het regelen en maken van allerlei geschenken die het afscheid makkelijker maken voor mezelf en de mensen om me heen.

„Ik heb mijn sperma laten invriezen. Mocht iemand die mij dierbaar was ooit ongewild zonder kinderen blijven, dan kan ik helpen, ook na mijn dood. Ik was zelf heel graag vader geworden, maar dat zit er niet meer in. Ik vind het een mooi idee dat ik misschien ooit toch nog iets van mezelf kan doorgeven waarmee ik tegelijk anderen blij maak. Zelf zal ik er niks van merken, maar de gedachte vind ik prachtig.

„Met een vriendin ben ik bezig een ontwerp voor een ring te maken. Herinneringen kun je in de vorm van een symbool gieten, om ze letterlijk en figuurlijk beter te kunnen vasthouden. Voor mijn neefje, die nu een jaar is, maak ik een boekje met verhaaltjes en foto's. Mijn vader zei laatst: ik wil zelf je kist maken. Daar ben ik blij mee. Zo kan hij, terwijl ik nog leef, vorm geven aan mijn dood. Anderen kunnen erop tekenen en schilderen. Daardoor wordt mijn afscheid minder abrupt en beladen.

„Het is natuurlijk niet normaal dat ik 24 jaar ben en mezelf al voorbereid op de dood. De omstandigheden dwingen me nu al op m'n leven terug te kijken. Dan zie ik dat ik een prachtig leven heb gehad, dat ik nergens spijt van heb, dat ik met niemand nog iets heb goed te maken of uit te praten. Het feit dat ik doodga, valt niet te veranderen. Dat ik onder ideale omstandigheden mag doodgaan, dat beschouw ik echt als een geschenk."

Jip Keijzer overleed op 28 februari 2012. Zijn vader Roy: „De wijze waarop onze zoon Jip met zijn kanker is omgegaan, zijn afscheid van het leven en van allen die hem dierbaar zijn, vervult ons met trots en dankbaarheid. De afscheidsceremonie, een reis naar Schotland en de mooie tv-serie van BNN over Jip en vier andere dappere jonge mensen met kanker hebben diepe indruk op ons gemaakt. De talloze reacties na zijn overlijden die wij mochten ontvangen, zullen we nimmer vergeten. Jip zei weleens: 'Als ik dan toch aan kanker doodga, wil ik toch iets nalaten waar anderen wat aan kunnen hebben. Wat ons betreft is Jip, meer dan hij zelf kon vermoeden, op een geweldige wijze erin geslaagd zijn positieve energie aan anderen over te dragen."

Naam: Mr. G.Ph. Helders (1905-2013)

Woonde: in Wassenaar. Zijn vrouw overleed in 1982. Zij kregen een zoon en vier dochters.

Was: lid van de Raad van State (1959-1975), minister van Zaken Overzee (1957-1959, in het laatste kabinet-Drees en overgangskabinet-Beel), directeur bij de Nationale Trust Maatschappij (1949-1957) en inspecteur van Financiën in Nederlands-Indië (1930-1942).

Zelden denk ik aan de dood

„Sinds de zomer van 2012 ben ik de oudste man van Nederland. Vooral mijn kleinkinderen vinden dat machtig interessant. Mij houdt het niet zo bezig. Ik ben een gelovig man. Ik ben dankbaar voor dit prachtige leven en ik geniet van elke dag die God mij geeft.

„Ik voel mezelf bijzonder goed. Ik loop moeilijk, maar ach, dat is techniek. Mijn gezichtsvermogen laat te wensen over. Gelukkig kan ik nog lezen, hoewel dat langzaam gaat.

„Ik heb het druk, op mijn manier. Ik heb altijd gewerkt op terreinen als overheidsfinanciën en bestuursrecht. M'n vakliteratuur houd ik nog altijd bij: nota's, Kamerstukken, wetsvoorstellen. Machtig interessant. Ik volg het nieuws op de voet, via Radio 1. Als zich iets voordoet op mijn vakgebied kan ik iemand in Den Haag bellen die mij stukken toestuurt. Romans lees ik niet. Ik ga de tijd die mij nog is gegeven niet verdoen met gezellige verhaaltjes.

„Alles wat ik doe, kost me meer moeite en veel meer tijd – dat is wat ik merk van ouder worden. Maar goed, ik leef zonder verplichtingen, ik kan mijn tijd besteden zoals ik zelf wil.

„Ik heb mijn dagen ingedeeld volgens een vast patroon. 's Morgens ontvang ik bezoek en telefoneer ik: kinderen, kleinkinderen, mensen die mij nog 's willen spreken. 's Middags rust ik. 's Avonds wil ik alleen zijn: om te lezen, naar de radio te luisteren, na te denken. Ik heb in mijn lange leven veel meegemaakt. Ik vind het heerlijk herinneringen te laten stromen – niet zozeer uit nostalgie, maar om te analyseren hoe bepaalde ontwikkelingen zijn gelopen.

„De jaren in het jappenkamp, zonder te weten waar mijn vrouw en kinderen waren en hoe het hun verging, waren natuurlijk vreselijk. Maar geen moment heb ik getwijfeld of het goed met ons zou aflopen. Mijn geloof heeft me daarbij geholpen en daardoor kon ik ook anderen tot steun zijn. Een Bijbel hadden we niet, maar ik kende hele stukken tekst uit mijn hoofd en verzorgde dagsluitingen. Ik sprak met mensen die de moed lieten zakken en zeiden: 'De jap is zo sterk, we winnen deze oorlog nooit.' Dan zei ik: 'Ga toch geen reclame voor de jap zitten maken, heus, het komt goed.'

> Mijn vakliteratuur houd ik nog altijd bij. Machtig interessant

„Ik heb een leven in dienst van de samenleving achter de rug. Naast mijn werk ben ik ook gemeenteraadslid in Bandung en Batavia geweest, ik ben voorzitter geweest van een ziekenhuisbestuur, heb me ingezet voor kinderbescherming, in kerkelijke kring.

„Voor van alles ben ik steeds gevraagd en zelden heb ik nee gezegd. Eén keer wilde ik weigeren, in 1957. Ik werd uitgenodigd voor een ministerschap, maar ik had op dat moment het vooruitzicht president-directeur van de Trust te kunnen worden. De politiek is toch altijd een onzeker bestaan. Ik zei tegen mijn vrouw: door de oorlog hebben de Indische jaren ons maar een gering pensioen opgeleverd, ik heb al zo veel gedaan voor het algemeen belang, ik ga m'n verdere carrièrekansen nu niet op het spel zetten. De volgende dag zei ik tegen mijn baas: ik moet even naar Den Haag, ze willen dat ik minister word, ik ga uitleggen waarom ik dat niet doe. Als antwoord kreeg ik: zo'n verzoek kun je onmogelijk weigeren. In Den Haag gaf ik Drees een hand en ik zei: 'Goedemorgen, Excellentie.' Hij zei: 'Nee, nee, wij zijn binnenkort collega's, wij tutoyeren elkaar.' Ik heb niet eens meer te berde gebracht dat ik wilde weigeren.

„Het overlijden van mijn vrouw, bijna dertig jaar geleden, na 52 jaar huwelijk, is een grote slag voor mij geweest.

De leegte die zij heeft achtergelaten, is immens. Van mijn vrienden van vroeger leeft niemand meer. Dat krijg je als je zo oud wordt: je eigen generatie zie je in twintig, dertig jaar tijd helemaal verdwijnen. Dat stemt weleens droevig.

„Tegelijk moet ik zeggen dat ik een geweldig rijk leven heb gehad. Onze vijf kinderen zijn nu tussen de 64 en 80 jaar. Alle vijf maken het goed, evenals hun partners. Ik heb twaalf kleinkinderen, ook weer met aanhang en kinderen. Ik ben stamhoofd van een grote familie. Met iedereen heb ik een uitstekend contact, ook met de jongelui. Kennelijk vindt iedereen het toch wel aardig zo'n stokoude man als ik een beetje erbij te houden.

„Aan de dood denk ik zelden. Mijn geloof geeft me de zekerheid dat ik niets te vrezen heb. Het is allemaal in Gods hand. Hij beschikt en ik vertrouw op Zijn oordeel. Ik geniet van elke dag die Hij me geeft en alles wat hierna komt, zal ook prachtig zijn."

Mr. G. Ph. Helders overleed op 6 januari 2013. Een van zijn dochters: „Onze vader is heel vredig overleden. Hij was zich nog bewust van ons aller aanwezigheid. Het gehele leven van onze ouders stond – voor ons en voor vele anderen – in het teken van hun trouwtekst (1930): 'Wees een zegen.'"

Laatste woorden

Mijn vader overleed vijftien jaar geleden, in de vroege zomer. Hij lag in de woonkamer van zijn eigen huis, met uitzicht op de tuin, waarin vingerhoedskruid uitbundig bloeide. Hij zei: „Wat gaat het toch hard." Sprak hij over het naderen van zijn laatste uur? Nee, hij doelde op de explosie van kleur en geur in de tuin.

Op zijn laatste zondag kwam een familielid afscheid nemen. Zij praatte over de tuin, het weer, nieuws uit het dorp. Hij luisterde, met gesloten ogen. In één zin probeerde zij iets bespiegelends te zeggen: „Och, wat triest dat het zo met je moet aflopen." Hij opende zijn ogen, keek haar aan en zei: „Ach, 75 jaar, zo oud wordt een mens."

Sindsdien heb ik vaak gedacht: ja, 75 is een mooie leeftijd om te sterven. Op een dag is het leven onherroepelijk voorbij. Als je dan 75 jaar mag worden... *Count your blessings*.

Inmiddels denk ik iets anders. Dat komt door de gesprekken die ik met ruim honderd mensen over 'leven met de dood' heb mogen voeren. Nu denk ik: vrede sluiten met het levenseinde heeft weinig met leeftijd te maken. Acceptatie hoeft niet makkelijker te zijn voor iemand van 75 jaar dan voor iemand van 37 en nóg makkelijker voor wie boven de 90 is.

Vergeet de tijd. *Count your years with smiles not tears.* Het is een regel uit een gedicht dat Jeane Tromp Meesters in borduursteek aan haar kledingkast had opgehangen. Kort voor haar overlijden vertelde ze mij over haar doodswens (pag. 171).

Talloze vragen heb ik gesteld in d gesprekken over het levenseinde di ik twee jaar lang heb gevoerd. Wat valt zwaar? Wat biedt hoop? Wat maakt bang? Wat geeft kracht?

Terwijl de interviews in de krant verschenen, is mij bij herhaling dez vraag gesteld: 'Word je niet somber van al die gesprekken met stervend mensen?' Zonder aarzeling antwoordde ik: nee, integendeel.

Het heeft een tijdlang geduurd voordat ik zelf begreep hoe het kwam dat de dood me niet bedrukt Aanvankelijk voerde ik vooral ratio nele verklaringen aan. Ik zei dat ik het als onderdeel van m'n werk zag zoals ook artsen, verplegers, pastor mensen in de uitvaartbranche voor durend met stervende en gestorven medemensen te maken hebben.

Sommigen vroegen door: 'Heb je een bijzondere relatie met de dood? Dan vertelde ik dat die al op jonge leeftijd in mijn leven was. Over 'con penserend gedrag' is in psychologische handboeken uitgebreid geschreven – zou ik ...?

Mijn moeder overleed veertig jaa geleden. Zij was 46 jaar, ik was twaalf. Ruim drie jaar is ze ziek geweest. Het begon met borstkanker.

Ik kan me geen moment herinne-